Diplom-Meteorologe
Hubertus Schulze-Neuhoff

VON STEIN ZU STEIN
VON SCHANZE ZU SCHANZE
und
VON WEINLAGE ZU WEINLAGE

Redaktionelle Bearbeitung
von
Hubertus Schulze-Neuhoff
und
Alfred Hüls

Graphik, Layout:
PETER MAX SÜNDERMANN
GRAPHIK
Traben-Trarbach

Herausgeber: Diplom-Meteorologe Hubertus Schulze-Neuhoff
TRABEN-TRARBACH
2005

Herstellung und Verlag:
Books on Demand GmbH, Norderstedt
ISBN 3-8334-3127-X

Seitenverzeichnis:

Seitenverzeichnis:

Sehenswürdigkeiten II (Teil II)
und Interessantes 68

Seitenverzeichnis:

Sehenswürdigkeiten III (Teil III)

und zu den Weinlagen 87

Die Mittelmosel-Weinlagen von Ürzig bis Enkirch

Das Steillagen-Buch von Heike Ludwig

Die Winzer von Traben-Trarbach und Wolf

Die sieben Moselschleifen der Mittelmosel

Vorwort vom Bruderschaftsmeister Dr. Dieter Schnitzius

Seitenverzeichnis:

Wandern (Teil IV)................................97

Von Stein zu Stein

In grauer Vorzeit... wie viele von uns wissen, gab es im Westen am Golf von Biskaya ein kleines Dorf, in dem die Bewohner damit beschäftigt waren, Wildschweine zu jagen, Römer zu verprügeln und Hinkelsteine über ganz Europa zu verteilen. Diese Dorfbewohner lebten im Einklang mit der Natur, denn die Wildschweine sind nicht ausgerottet, das ehemalige Römische Reich ist heute noch bevölkert und die Hinkelsteine/Menhire auf, die ich in diesem Buch besonders eingehen möchte,... auch sie gibt es noch... und nicht nur im Westen von Europa.

Menhire, Monolithen oder Hinkelsteine. Dieser letztere Begriff ist wohl im deutschen Sprachraum am gebräuchlichsten. Sie sind Siedlungszeugnisse der Jungsteinzeit (4500 - 1800 v. Chr.). Es ranken sich viele Vermutungen und Legenden und somit offene Fragen rund um das Thema Hinkelsteine ganz allgemein und so auch im Moselraum.

Viele Menschen, darunter auch ich, fasziniert von diesen frühgeschichtlichen Denkmälern, versuchten deren Bedeutung zu ergründen. Ob es ihnen gelungen ist... weiß ich nicht zu beurteilen. Dies überlasse ich der Fantasie des einzelnen. Ich will nur darüber berichten, wo diese Zeugen der Vergangenheit – Kult-, Grenz-; Visier-, Hexen-, Feen-, Hinkelsteine – in meiner Umgebung zu finden sind.

Also auf... zu einem Exkurs zu den Menhiren in der Region Mittelmosel, Trier, Donnersberg, Eggegebirge und Nordhessen.

Die Menhire (Frau Marlene Bollig)

Wer waren die Menschen, die vor so langer Zeit diese riesigen Großsteinmonumente aufstellten? Durch Ackerbau und Viehzucht veränderten sich die Lebensgewohnheiten der Menschen nach der letzten Eiszeit: Aus Jägern und Sammlern der Steinzeit wurden sesshafte Landwirte. Die längere Anwesenheit an einem bestimmten Ort machte es dann möglich, Behausungen über Jahrzehnte zu erstellen und zu nutzen. Durch die Sesshaftigkeit begannen die Menschen ihr Territorium als Eigentum und Wohnsitz zu verstehen und sie entwickelten eine Beziehung zu ihren verstorbenen Vorfahren, von denen sie sich nicht mehr −wegen der Aufgabe des Nomadenlebens − entfernen mussten. Durch diese Einflüsse entwickelte sich eine Beziehung zu Ort, zu den Ahnen und zum Jahresablauf, die sich dann in religiösen Kulten widerspiegelte.

Die großen Steine waren vielleicht auch ein Maß der Mächtigkeit des jeweiligen Stammes, dienten zur Markierung des Lebensraumes und waren ein Tribut an die Unvergänglichkeit der Mutter Erde.

Die Zeit der Megalithkultur dauerte etwa von 3200 bis 1000 v. Chr. Es handelt sich nicht um ein einheitliches Volk, wie später die Germanen oder die Kelten, sondern um eine Kulturstufe, die sich an den verschiedensten Orten der Erde gleichzeitig entwickelte.

Megalithen findet man auf der ganzen Welt. Überall geht man davon aus, dass dem Aufstellen dieser ersten Kultbauten ein gezieltes Aussuchen von Standorten vorausging, denn man kann sich nicht vorstellen, dass Menschen tonnenschwere Steine kilometerweit schleppten und schleiften, um sie dann planlos in die Landschaft zu setzen.

Die Botschaft der Steine hat Jahrtausende überlebt, nur verstehen wir diese Botschaft nicht mehr. Wir müssen sie neu erforschen. Diese Steinmonumente, die Jahrtausende überdauert haben, sind Bauten für die Ewigkeit. Die Megalithen in der Bretagne und in Britannien sind heute wahre Touristenmagnete, während sie in Deutschland, und damit auch in unserer Heimat, fast vergessen sind.

Der Kult des Aufrichtens großer Steine im Moselland geht nach Jätzold parallel zur Ausdehnung einer getreideanbauenden Kultur vonstatten, die sich zwischen 5000 und 2500 v. Chr. nordwärts in Europa ausbreitete. In unser Gebiet drang diese Megalithkultur vor etwa 3500 Jahren aus Frankreich (Bretagne) und England/Irland kommend ein. Sehr wahrscheinlich waren die Megalithleute gute Seefahrer, denn die Zentren der hinterlassenen Steinsetzungen liegen meist in küstennahen Gebieten wie eben in der Bretagne, in Norddeutschland, auf Malta und Südengland. Je weiter man ins Landesinnere kommt, desto spärlicher findet man Kultstätten, wie auch hier im Moselraum.

Das gleichzeitige Aufstellen von großen Steinen als Altäre oder Grabdenkmäler war eine religiöse Handlung dieser Bauernkultur. So entstanden viele Kulte, Riten und Gebräuche. Die Kultstätten bzw. die Aufstellungsorte der Menhire richteten sich unter anderem nach der Sonneneinstrahlung, denn der Aufstellungskult besagt, dass die Berührung der aufgehenden Morgensonne mit dem Toten ein Symbol für neu entstandenes Leben darstellt. Sonne und Sterne sollten die Toten beschützen.

Menhire sind Steinpfeiler, mehrere Tonnen schwer und von Menschenhand bearbeitet. Sie sind keine natürlich gewachsenen Felsen. Menhire teilt man je nach Aussehen in zwei Gruppen: Spindelförmige Menhire sind lange Säulen mit oft konisch zulaufender Spitze, blattförmige Menhire sind eher breite Steinblöcke.

Neben den anderen megalithischen Relikten, wie Dolmen, Cromlechs und Alignements, sind die Menhire am schwierigsten zu deuten.

Folgende Möglichkeiten sind denkbar: Menhire sind kultisch verehrte Grenzsteine eines Stammesgebietes oder Markierungslinien für heilige erdmagnetische Linien und Felder oder symbolische Weltsäulen, die das Himmelsgewölbe tragen oder, wie in Trittenheim, ein bearbeiteter Menhir mit antropomorphen Einritzungen als Statue einer Muttergöttin. Der angedeuteten Darstellung von weiblichen Figuren in dem Stein lag damit ein matriarchalischer Kult zugrunde: Gott-Mutter-Verehrung. Aus der Tatsache, dass Religion eng an das jeweilige Gesellschaftssystem gekoppelt ist und die Gottheiten eines Volkes etwas darüber aussagen wer in der Gesellschaft dominiert, sind einige Altertumsforscher heute der Ansicht, dass die weiblichen Darstellungen der Jungsteinzeit und der Megalithmenschen ein Beleg für die weibliche Dominanz in dieser Kultur sind. Eine Art Muttergottheit sollte die Ernte beschützen und für gutes Wachstum und Gedeihen der Feldfrüchte sorgen. Die Menschen glaubten an eine Leben spendende Erdgöttin. Alles Leben entsprang der Erde und die Geburt eines Menschen entsprang einem weiblichen Lebewesen, deshalb musste die Erde eine weibliche Gottheit sein.

Im Kreisjahrbuch Bernkastel-Wittlich 1994 findet sich ein Bericht über einen ähnlich gestalteten Monolithen: die "Rote Göttin vom Mont Royal" bei Traben-Trarbach. Auch hier gibt es eine Vertiefung im Stein, die als Bauchnabel anzusehen ist, und angedeutete Konturen lassen die Gestalt einer Frau erahnen. Es drängt sich eine gedankliche Verbindung zu den Kultstelen in Frankreich auf, wie zur "Göttin von Saint Sernin". Besonders diese bretonischen Megalithen waren oft Gegenstand von kultischen Handlungen oder Zeremonien, die sich mit Fruchtbarkeit, Liebe und Gesundheit beschäftigten. Die Steindenkmäler und Menhire der Megalithkultur wurden noch jahrhundertelang bis ins Mittelalter benutzt. Selbst nach der Aufgabe der Kultstätten blieben sie den Menschen als geheimnisvolle Orte im Gedächtnis.

Die Menschen erflehten den Beistand der allmächtigen Steine bei Krankheit, Not und Unfruchtbarkeit. Die jungen Mädchen von Carnac (Frankreich) entkleideten sich und rieben ihren Nabel auf dem Stein, während sie einen Wunsch aussprachen. Andere hoben ihre Röcke und rieben sich den Bauch auf dem "Pierre-de-Chantecoq" oder auf einer Säule der "Roche Marie". Um im Laufe des Jahres einen Mann zu finden, mussten die Frauen auf dem geneigten Menhir von La Tremplis in Samson-sur Rance rittlings hin- und hergleiten. In Vollmondnächten erflehten Jungvermählte rei-chen Kindersegen, so auch überliefert von norddeutschen Menhiren.

Durch die jahreszeitlich konzentrierte und bedingte Beanspruchung der Bauern war es für die herrschaftliche Oberschicht und das Priestertum möglich, die Arbeitsleistungen der Untergebenen in der restlichen Zeit des Jahres für den Bau der Kultstätten und das Aufrichten der Menhire zu verlangen. In der Bretagne entstanden ganze Felder mit solchen Kultstätten und die Entwicklung ging bis hin zu Hünen- oder Hügelgräbern. Je nach Größe der Steine lässt sich die gewaltige menschliche Arbeitskraft, die zum Aufrichten der Monumente nötig war, nur erahnen. Diese Leistungen waren nur als Gemeinschaftsarbeit zu erbringen. Für uns heute unvorstellbar, aber die Baumeister der Megalithzeit hatten die Befähigung, immer größere Steine aufzustellen. Sie konnten es einfach.

Der Mensch strebt naturgemäß nach immer Größerem und Höherem, und so kommt man vom kleinen Steinmonument nach längerer Zeit zum Megalithen. Zudem wurde versucht mit den Steinsetzungen die Natur zu ordnen, indem man z.b. astronomische Punkte markierte. Zum Brechen der Steine gab es zwei Methoden. Einmal trieb man Holzkeile in natürliche Risse des Gesteins, mit Wasser begossen dehnte das Holz sich aus und sprengte den Stein aus dem Fels. Zum anderen zündete man in den Rissen Feuer an und durch rasches Abkühlen mit Wasser bekam der Stein eine innere Spannung und konnte mit einer Art Hammer abgeschlagen werden. Das Schleifen und Aufstellen erfolgte mit Seilen aus Flachsfasern und Zugtieren.

Um 1500 v. Chr. hat die Bautätigkeit allmählich nachgelassen. Über das Ende der Großsteingräberleute weiß man wenig. Nach dem Untergang der Megalithkultur geriet unsere Heimat ab etwa 800 v. Chr. unter keltischen Einfluss. Dieses Volk war einer der indogermanischen Hauptstämme, die aus den asiatischen Steppen in Westeuropa einfielen und hauptsächlich Mittelfrankreich (Gallien) besiedelten.

Der im Mittelmoselraum ansässige Stamm der Kelten waren die Treverer, die um 50 v. Chr. von den Römern unterworfen und romanisiert wurden. Die meisten Moselorte stammen von keltischen Siedlungen ab, wie man heute noch an den Namen erkennen kann. Während der Besiedlung haben die Kelten diese durch Steine markierten Kultstätten nicht zerstört, sondern unberührt übernommen und benutzt. Deshalb hat man auch lange Zeit geglaubt, die Steinsetzungen wären von den Druiden, der einflussreichen keltischen Priesterschaft, veranlasst worden. Die Kelten benannten diese Kultsteine, wie schon mehrfach erwähnt, mit MEN-HIR, das heißt: LANG=STEIN.

Im Mittelalter glaubte man, es müsse ein Geschlecht von Riesen = Hünen gelebt haben, die stark genug waren, die Steine zu transportieren und aufzustellen. Deshalb bezeichnete man die Menhire als Hünensteine. Die gedankliche Verbindung ging im Sprachgebrauch über Jahre hinweg verloren. Die althochdeutsche Sprachform *"Huine"* = hoch + Riese ist im Mittelhochdeutschen schon zu *"Hun"* zusammengeflossen und somit gleichklingend mit *"Huhn"*. Aus Hünensteinen wurden Hühnersteine, und weil Huhn in der fränkischen Mundart auch Hinkel heißt, entwickelten sich die Hühnersteine zu Hinkelsteinen. (5) Andererseits sind eierlegende Hühner = Hinkel auch ein gebräuchliches Fruchtbarkeitssymbol wie die christliche Sitte zeigt, an Ostern Eier zu schenken oder als Frühlingsdekoration Küken, Hühner und Nester zu verwenden. Bei religiösen Kultstätten spielt die Fruchtbarkeit (Mutterkult-Göttin), wie oben bereits erwähnt, eine große Rolle. Somit ist auch hier eine Verbindung zum Begriff Hühnerstein = Hinkelstein möglich.

Der Name Hinkelstein geht aber auch vielleicht auf den Hauptfundort der sogenannten *"Hinkelstein-Keramik"* zurück. Diese jungsteinzeitlichen Keramikfunde wurden nach dem rheinhessischen Gräberfeld am Hinkelstein bei Monsheim nahe Worms benannt. Der Name Hinkelstein-Kultur bezeichnet diese ganze neolithische Epoche.

Diese Hinkelsteine werden in Comics, wie bei Asterix und Obelix, den Kelten zugeschrieben, aber es handelt sich um Steinsetzungen vorkeltischer Kulturen.

Nach Jan Bily soll es noch im 18. und 19. Jahrhundert offensichtlich auch im Südwesten Deutschlands Hunderte von Hünengräben und Menhiren gegebenen haben. Aber leider wurden sie nicht wie ihre irischen und bretonischen "Kollegen" durch einen Volksglauben geschützt. Es fehlte hierzulande an mächtigen Feen, die diejenigen, welche die heiligen Steine zerstören, mit Unglück bestrafen würden. Der Feenglaube der Iren und Bretonen besagt, dass in den Dolmen und Menhiren Feen wohnen. Diese Nachfahren der *Großen Mutter Erde* soll man schützen, denn mit ihren geheimen Zauberkräften erfüllen sie Wünsche nach Gesundheit und Kindern. So fielen über 90 % der Steine im gesamten Moseleinzugsgebiet dem Straßenbau, der Planierung und Flurbereinigung oder der mutwilligen Zerstörung zum Opfer.

Mit dem Einzug des Dynamits in den Baualltag war es leicht, die riesigen, störrischen und unbegreiflichen Steine zu beseitigen.

Auch der Menhir von Trittenheim hat lange Jahre flach gelegen und ist später wieder aufgerichtet worden. Ältere Einwohner des Ortes wissen noch davon zu erzählen. Der heutige Standort ist also nicht genau identisch mit dem von früher. Wahrscheinlich wurde der Stein im Zuge von Flurbereinigungsmaßnahmen in den Jahren 1971 -1973 wieder senkrecht gestellt. Nach Aussagen der Dorfbevölkerung ließ der damalige Ortsbürgermeister Hans Gerwalin den Stein mit Hilfe eines Baggers wieder aufrichten. Dabei wurde eine Bruchstelle mit Beton ausgeflickt. Der Waldschutzstreifen rund um den Menhir wurde erst nach der Zusammenlegung der Weinberge und der Fertigstellung des geteerten Weges angelegt. Zuvor hat der Stein mitten in einem Kartoffel- und Getreideacker gelegen. Beim Pflügen mussten die Bauern immer um den Stein herumfahren. Bei den Dorfkindern der siebziger Jahre war der Stein als Spielplatz sehr beliebt.

Als nach dem Untergang des römischen Reiches auch das ehemalige Stammesgebiet der Treverer missioniert wurde, waren die heidnischen Kultobjekte der christlichen Kirche ein Dorn im Auge. Die Menschen standen noch im Bann des vorzeitlichen Glaubens, wenn auch vieles durch die Durchmischung der Kulturen von Kelten, Römern und Germanen verloren gegangen war. Die Leute vertrauten den sichtbaren Steinmalen mehr als der abstrakten Gottesvorstellung der Christen.

Auf päpstliche Order hin wurden die Menhire auch im Bistum Trier wenn möglich gestürzt und vergraben, denn Moses schreibt im Alten Testament: **"Ihr sollt alle Kultstätten zerstören, an denen die Völker, deren Besitz ihr übernehmt, ihren Göttern gedient haben: auf den hohen Bergen, auf den Hügeln und unter jedem üppigen Baum. Ihr sollt ihre Altäre niederreißen und ihre Steinmale zerschlagen. Ihre Kultpfähle sollt ihr im Feuer verbrennen und die Bilder ihrer Götter umhauen. Ihre Namen**

sollt ihr an jeder Stätte tilgen. "(Deuteronomium, 12,2f).

Die Heidensteine wurden aber auch durch Bearbeiten mit christlichen Symbolen christianisiert (*Fraubillenkreuz* wurde von Willibrord umgestaltet, Mariennische wurde in den *Gollenstein* bei Blieskastel eingehauen). In Trittenheim belegte man den umgestürzten Stein mit einer christlichen Legende, die dem Stein seinen bis heute gültigen Namen *"Eselstratt"* = Eselstritt verlieh. Diese Legende besagt, dass sich eine christliche Jungfrau auf der Flucht vor einem heidnischen Ritter mit ihrem Reittier, einem Esel, an dieser Stelle durch einen heftigen Sprung ins Tal gerettet hat. Zurückgeblieben ist der Hufabdruck des Esels, der heute noch als kreisrunde Vertiefung im unteren Teil des Steines deutlich zu erkennen ist.

Bei Niedrigwasser der Mosel soll ebenfalls ein Hufabdruck im Felsgestein des gegenüberliegenden Ufers bei Köwerich zu sehen sein. Dieser Stein ist den Einheimischen bekannt als "Köwericher Wacken". Hier ist der Esel unversehrt gelandet und hat die Jungfrau gerettet. Der feindliche Ritter soll sich beim Anblick dieses Wunders ebenfalls zum Christentum bekehrt haben. Eine ähnliche sagenumwobene Geschichte geht sogar soweit und berichtet, dass die vor den Feinden Flüchtende die Gottesmutter mit dem Jesuskind im Arm auf einem Esel sitzend von der Felsplatte in das Moseltal hinabgesprungen und heil auf dem Talgrund angekommen sei. Der Einfluss der christlichen Kirche drückt sich auch in der Tatsache aus, dass der Stein hoch oben auf dem Laurentiusberg steht, vor sich die Weinbergslagen Leiwener und Köwericher Laurentiuslay (= Laurentiusschieferfelsen) und am Fuße des Berges die Laurentiuskapelle. Der Schutzpatron ist der Erzmärtyrer Laurentius, der Lorbeergeschmückte. Dieser Mann war Diakon in Rom und zuständig für die Armen. Nach der Enthauptung des Bischofs Sixtus verweigerte er die Herausgabe des Kirchenschatzes und verteilte diesen innerhalb von 3 Tagen an die Armen. Daraufhin wurde er von den Römern über stetig unterhaltenem Feuer auf einem Rost am 10. August 258 langsam zu Tode gemartert. Die Namensgebung von Kapelle und Berg erfolgte wohl im Rahmen eines Laurentiuskultes, der sich mit dem Sieg Otto d. Gr. über die Ungarn am 10. August 955 (=Gedenktag des Heiligen) in ganz Deutschland entwickelte. Laurentius ist der Schutzpatron der Armen und aller Berufe, die mit

Feuer zu tun haben. Viele Weinheilige gelten als Wettermacher, wenn ihr Gedenktag in einer als wichtig empfundenen Zeitspanne liegt. Eine entscheidende Zeit für das Gedeihen der Weintrauben ist die beginnende Traubenreife, die gewöhnlich in das 2. Drittel des August (ab 10.08.) fällt. Früher hat man mancherorts an der Mosel die Statue des Laurentius als Rebenpatron an dessen Gedenktag mit Weintrauben geschmückt und in einer Prozession durch die Straßen getragen. Er ist mitverantwortlich für einen guten Weinjahrgang. Dazu kennen die Winzer uralte Bauernregeln:

"An Laurenzi ist es Brauch, /hört das Holz zu wachsen auf".
Ist Lorenz und auch Bertl schön, / wird der Herbst gar gut aus-
gehn".
Kommt St. Lorenz mit heißem Hauch / Füllt er dem Winzer Fass
und Bauch".
Ist's hell am Laurentiustag, / viel Früchte man sich versprechen
mag".
Schlechten Wein gibt's heuer, / wenn St. Lorenz ohne Feuer".
Ist Laurentius ohne Feuer, / gibt's ein kaltes Weinchen heuer".

Damit stellt sich wieder ein Bezug zur Fruchtbarkeitssymbolik dar: Der alte Stein sollte als Fruchtbarkeitsgöttin in der Frühzeit für das gute Gedeihen und eine reichliche Ernte des Getreides sorgen, während der Patron Laurentius diese Aufgabe im Mittelalter übernahm. Da der Ackerbau im Moseltal durch den Weinbau allmählich abgelöst wurde, sollte der Heilige über das gute Gedeihen der Weintrauben wachen. Eine christliche Symbolfigur verdrängt den alten heidnischen Glauben mit gleicher Aussageabsicht.

Heute erreicht man den Hinkelstein über verschiedene Wirtschaftswege, die vom Dorf Trittenheim aus durch die Weinberge des "Trittenheimer Altärchens" hinauf auf den Bergrücken des Laurentiusberges und weiter zur Gemarkung "Auf der Acht" mitten in der Trittenheimer Moselschleife Rihren führen. Vorbei an der Laurentiuskapelle und der Gosperter Kreuzkapelle, hoch oben auf dem Kammrücken des Berges, steht das älteste Kulturdenkmal unserer unmittelbaren Umgebung 150 m über dem Moseltalboden, beschattet von dichtem Niederwald. Vor sich die schroff abfallenden Schieferfelsen eines Steilhanges (Weinberge der Lage Köwericher Laurentiuslay) mit herrlicher Aussicht auf das Moseltal, soweit die dicht belaubten Bäume dies zulassen, und hinter sich die sanft abfallenden Weinbergshänge zum im Gleithang liegenden Dorf Trittenheim.

In den letzten Jahrhunderten stellte der markante Stein zeitweise einen Gemarkungsgrenzstein zwischen den Gemeinden Trittenheim, Köwerich und Klüsserath dar. Bereits ein Schöffenweistum von 1547 erwähnt den *Eselstratt* als Orientierungspunkt für die Grenzen des Klüsserather Hochgerichtsbezirks.

Der Stein steht nahe der Straße als sogenanntes "dreibändiges Mal", d.h. auf einer Stelle, wo die Grenzen dreier Nachbargemeinden zusammenstoßen. Heute befindet er sich fast genau auf der Kreisgrenze der beiden Landkreise Trier-Saarburg und Bernkastel-Wittlich. In manchen Quellen wird er den Gemeinden Klüsserath oder Köwerich zugeschrieben, aber im Zusammenhang mit dem Begriff *"Eselstratt"* fällt er wieder in die Zugehörigkeit von Trittenheim.

Im Buch "Kulturdenkmäler des Landkreises Trier-Saarburg" wird der Menhir unter dem Ort Köwerich beschrieben: Auf der linken Moselseite zur Eifel hin steht am Gemarkungsrand von Köwerich, Klüsserath und Trittenheim, an einem prägnanten Standort über einem Felshang ein etwa 3 Meter hoher, dachförmig zulaufender Sandsteinblock von etwa einem halben Meter Dicke, der im unteren Teil ovalförmige Vertiefungen aufweist.

In der Ortschronik von Klüsserath wird der Stein auf dem Berge gegenüber von Köwerich als *"Eselstrapp"* bezeichnet. Ferner ist folgender Bericht des Landesmuseums Trier abgedruckt:

"Landkreis Trier. (Unbestimmte Zeit.) Bei Clüsserath, auf der Höhe links der Mosel gegenüber Köwerich, wurde durch Dr. Blesius die Aufmerksamkeit auf einen *"Eselstrapp"* genannten Stein gelenkt. Er hat einige Einarbeitungen aufzuweisen und liegt wie umgesunken frei im Feld, nicht weit vom Plateaurand. Durch eine Schürfung an dem in der Erde steckenden unteren Ende, wurde im Februar 1927 festgestellt, dass es sich tatsächlich um einen umgelegten, nicht etwa gewachsenen Stein handelt. Er ist 3 m lang und 2,25 m breit. Die oben liegende ziemlich ebene Fläche hat etwa die Form eines Blattes, dessen Stielende auf der einen Seite eine Einschnürung zeigt, der auf der anderen Seite eine gleiche entsprochen haben könnte, die vielleicht später abgeschlagen oder abgesprungen ist.

Aber auch ohne diese Aufnahme ist -ganz im Rohen freilich - die Form einer menschlichen Gestalt vorhanden, deren Arme, ebenfalls auf roheste Weise, durch 5 cm tiefe, 65 -70 cm lange und 7 -8 cm breite Rinnen angedeutet sind, während die Mitte des Bauches (der Nabel) durch eine 13 cm breite kreisrunde Eintiefung wiedergegeben ist, wie die Abbildungen erkennen lassen. Danach scheint es sich um einen umgestürzten Menhir zu handeln, von der Art der in Frankreich öfter vorkommenden "blocs statues" oder "Statues Menhirs" . Das einzigartige Monument – das es ein solches ist, darf wohl nicht angezweifelt werden – müsste jedenfalls an Ort und Stelle erhalten und sichergestellt werden. " (Steiner)

Weiter hinten in der Klüsserather Chronik ist unter dem Titel "Ein Kulturdenkmal aus keltischer Zeit" in einem Zeitungsartikel vom 28. Februar 1927 folgendes zu lesen:

"Solche Denkmäler kommen in hiesiger Gegend überhaupt nicht vor, dafür häufig im nördlichen Frankreich. Alle zeichnen sich durch auffallende Größe und äußerst primitive Linienführung aus. Die weiteren Feststellungen werden zeigen, ob die 'Eselstrapp', auf gleicher Stufe steht wie die nordfranzösischen Steine, "Menhir" genannt, welche Grabsteine darstellen.

Die ca. 50 Zentimeter dicke Steinplatte liegt mitten in einem zur Mosel leicht abfallenden Acker und steht etwas mit dem Kopfende empor. Man nimmt an, dass der aus Quarz bestehende Stein aufrecht gestanden hat. Die Längsachse misst rund 3 Meter, während die größte Breitenausdehnung von Hüfte zu Hüfte 2,25 Meter beträgt. Auf der Mittellinie, 1 Meter vom Sockel entfernt, befindet sich der Nabel. Sein Durchmesser zeigt 15 Zentimeter. Im ersten Moment fesselt er den Beschauer am meisten. Denkt man sich von hier zur Hüfte eine gerade Linie gezogen, so findet man, dass sie mit 1, 05 Meter etwas kürzer ist, als die zur rechten. Genau dieses Verhältnis erkennt man beim Messen des Abstandes von beiden Schulterhöhen. Während die Linie auf der linken Seite 1, 10 Meter beträgt, misst die Entfernung zur rechten 1,20 Meter. Hieraus ergibt sich, dass die menschenähnliche Figur eine Neigung nach links macht. Der Abstand des Scheitels von den Schulterenden zeigt dies am deutlichsten. 1,28 Meter ist er von links und 1, 48 Meter von rechts.

Die an die Brust gedrückten Arme sind durch Vertiefungen von 5 Zentimetern angedeutet. In der Länge misst der rechte 70, der linke 65 Zentimeter, während die Breite entsprechend 5 bzw. 6 Zentimeter beträgt. Die beiden Schulterenden haben voneinander Abstand von 1,68 Meter. Eine nicht unbeträchtliche Dicke weist der Hals auf, stellt sich doch sein Durchmesser auf 60 Zentimeter.

Merkwürdig mutet es an, dass das Gebilde weder Mund noch Augen noch Nase besitzt. Aber darin besteht ja die Eigentümlichkeit der Menhire, dass sie sich durch große Einfachheit auszeichnen.es wäre sehr erwünscht, wenn die maßgebenden Stellen hier Nachgrabungen anstellten, damit die Frage, ob es sich um ein keltisches Grabmal oder eine Gottheit oder einen Opferstein handelt, restlos geklärt wird. Immerhin dürfte wohl dieser Stein interessante Aufschlüsse über die erste Besiedlung unseres Moseltales geben. Sache der Behörden dürfte es sein, die 'Eselstrapp' schon vorläufig unter Denkmalschutz zu stellen".

Dieser Zeitungsbericht zeigt, dass schon vor rund 80 Jahren der Stein reges Interesse hervorgerufen hat wie die genauen Zahlenangaben der Ausmessungen belegen. Aber die Frage nach der Bedeutung hat sich bis heute nicht restlos geklärt und von Denkmalschutz kann gar keine Rede mehr sein, denn im Ort selbst verweist kein Schild und kein Hinweis auf diese bedeutsame Kultstätte. Der Hinkelstein ist jedoch auf den Wanderkarten der angrenzenden Gemeinden eindeutig als Kulturdenkmal (Kl)) ausgewiesen.

Es gibt in Trittenheim heute noch eine Straße namens Hinkelweg. Diese Straße liegt am Anfang des alten Pilgerweges nach Klausen zur

Wallfahrtskirche Eberhardsklausen und führt unmittelbar am Hinkelstein vorbei. Die alte Pilgerstraße nach Klausen stellte vor dem Bau der Mittelmoselstraße eine wichtige Verkehrsverbindung über den "Kevericher Berg" zur Wittlicher Senke dar und der Hinkelstein steht, wie viele seiner Kollegen, an einem Platz, wo ein bedeutender alter Verkehrsweg von einer Grenze durchschnitten wird. Hierzu noch eine Anmerkung zum Thema Grenzkult: Viele mittelalterliche Grenzen sind häufig älter als man annimmt. Manche lassen sich auf uralte Stammesgrenzen zurückführen. Grenzen wurden in vorgeschichtlicher Zeit nie willkürlich gezogen, sie folgten stets den Vorgaben der als heilig angesehenen Landschaft, also Flüssen, Tälern, Bergkämmen -wobei das letzteres wohl entscheidend für den Aufstellungsort des *"Eselstratt"* gewesen sein kann: Der Stein steht auf einem Bergkamm mit Blick auf ein fruchtbares Flusstal, am Rande einer kleinen Hochebene, wo möglicherweise Ackerbau betrieben wurde. Ein friedlicher Ort, von wo man mit Blick nach Westen viele wunderschöne Sonnenuntergänge sehen und beobachten kann.

Oben am Berghang gibt es eine alte Weinbergsgemarkung namens *"Hinkellay"*, auch hier führt der Weg zum Hinkelstein vorbei. Nur ganz oben auf dem Bergrücken am Wirtschaftsweg, wenige Meter vom Menhir entfernt, steht für die Wanderer ein kleines, hölzernes Hinweisschild "Hinkelstein".

Der Stein selbst präsentiert sich heute leicht vermoost und verwittert, nur die kreisrunde Vertiefung ist noch sehr gut im Steinmaterial zu erkennen. Bei der Gesteinsart handelt es sich um einen hellen Quarzit, der in der Umgebung des Hinkelsteins nicht vorkommt und zwischen den umliegenden Schieferbergen etwas befremdend wirkt. Ältere Einwohner erzählen, dass es solche Steine hier nicht gibt, und dass der Stein wohl vor langer Zeit von weit her auf den Laurentiusberg geschleift oder gezogen worden sei. Wenn man beim Anblick die Gedanken in die Ferne schweifen lässt und sich die Jahrtausende vor Augen hält, die der *"Eselstratt"* überdauert hat, sollte man diese geheimnisvolle verborgene Kultstätte der untergegangen Megalithkultur doch mit etwas Ehrfurcht betrachten.

Während eines Aufenthaltes im Weindorf Trittenheim lohnt sich jedenfalls ein Besuch.

Ein mit dem Trittenheimer Menhir in Größe und Form vergleichbarer Hinkelstein aus der Gruppe der blattförmigen Menhire befindet sich im Saarland, etwa einen Kilometer westlich von Walhausen bei Nohfelden. Auch er wurde, wie viele der deutschen Menhire, im 20. Jh. (1984) wiederaufgestellt. Er wiegt etwa 13 Tonnen.

Auf der Wanderkarte der Verbandsgemeinde Neumagen-Dhron ist neben dem Hinkelstein in der Trittenheimer Moselschleife noch der Hinkelstein von Büdlich eingezeichnet. Dieser Hinkelstein steht an der Landstraße von Büdlich nach Heidenburg nahe der Gemarkungsgrenze in einem Gebüsch hinter einer Linkskurve. Der Monolith ist kleiner als der *"Eselstratt"*. Er hat eine säulenartige Form, ist leicht abgeflacht und im oberen Teil etwas zur Seite geneigt. Die Gesteinsart Quarzit gleicht der von Trittenheim, aber dieser Hinkelstein weist keine vorzeitlichen Bearbeitungsspuren auf. Der Menhir steht *"in der Pann"* oder .."*Bann*", er besteht heute noch als Scheidegrenze zwischen den Gemeinden Büdlich und Heidenburg und ist mit 2 schweren Schieferblöcken umgeben. Ein weiterer Menhir von Büdlich, der *"Breitenstein"*, stand nach Überlieferung genau 3,5 km weiter östlich der Straße von Büdlich nach Heidenburg, wiederum an der Schnittstelle mit der Banngrenze. Nach R. Hocker wurde er durch die Hand eines rohen Bauern zerstört (1). Der Name des Breitensteines lässt aber vermuten, dass er im Aussehen wohl eher mit dem Eselstratt zu vergleichen wäre.

Zum Schluss noch eine kurze Anmerkung: Im moselfränkischen Dialekt wird der Ort Trittenheim als "Trattem" bezeichnet. Selbst wenn ich die Einheimischen von ihrem TRATTEM erzählen höre, drängen sich mir die Gedanken an den *"EselsTRATT"* auf. Vielleicht auch eine Möglichkeit der Namenszusammenhänge?

Ich glaube, die Geheimnisse dieser Steine und ihre Entstehung werden vollständig wohl nie geklärt werden.

Teil I

Hier finden Sie die Sehenswürdigkeiten der Region Mittelmosel, Trier, Donnersberg, Eggegebirge und Nordhessen.

Teil I: "Von Stein zu Stein"
Vorwort zu den Menhiren von Marlene Bollig

Teil II: "Von Schanze zu Schanze"
Vorwort voraussichtlich von Professor Haffner, dem Entdecker der keltischen Viereckschanzen vom Enkircher Spanerberg.

Anhang: "Von Weinlage zu Weinlage"

Vorwort von Hubertus Schulze-Neuhoff zu diesem Buch:
Dieses Buch ist entstanden, um das, was im Internet unter www.wikiwetter.de in "Sehenswertes I, II und III und Wandern" zu entnehmen ist, zu Papier zu bringen. Es ist quasi ein Reiseführer zu seltenen Steinen, Schanzen, Panoramablicken und Weinlagen rund um Traben-Trarbach.

Beiträge zum Buch lieferten:
Christopher Arnoldi, Veldenz (u.a. excellente Panoramafotos/- Kalender); Weinhaus "Schöne Aussicht", Starkenburg; Uwe Anhäuser, Bundenbach (Geschichtsforscher, Redakteur & Buchautor); Hans Schneiß, Irmenach (Privatmuseum im Keller, u.a. Fotos Havenstein); Karl-Josef Prüm, Trier (Autor vieler Hefte über Naturdenkmäler); Marlene Bollig, Trittenheim, (Menhir-Spezialistin/Touristinfo); Bürgerverein Wolf, mit Edgar Langen als Chef.
Sucellus-Freunde aus Kinheim, die in römischen Gewändern bei der Schanzentour mitfuhren. Wanderfreunde des Eggegebirgsverein Kleinenberg bei Paderborn; Bernd Pfaul, Enkirch (Chef der Rotte 10 und 11); Frank Schütz, Enkirch, (Menhir-Forscher auf "Huneck").

☛ und demnächst:

1a) Menhir-Tour I (Traben-Trarbach-Rhaunen)
    9. April 2005, die 1. geführte Tour.

1b) Kleine Menhir Campsteine-Schanzen-Panorama-Tour

1c) Extra-Tour: Longkamp - Monzelfeld - Bernkastel

1d) Erläuterung zu den Bilsteinen = Bildsteine

2) Menhir-Tour II:
   Traben-Trarbach bis rund um Morbach

3) Menhir-Tour III
   (Trittenheim), Sonntag, 10. April 2005, die 1. geführte Tour.

4) Menhir-Tour IV
   In den Raum Trier / Saarland

5) Menhir-Tour V
   Raum Kaiserslautern - Lambrecht (Pfalz)

6) Menhir-Tour VI
   (Bundenbach), Hunnenstein + "Lange Stein"

7) Menhir-Tour VII
   Donnersbergkreis und Worms-Alzey

8) Stein-Tour VIII
   Im Eggegebirge zu 7 Opfersteinen

9) Steintour IX
   Rund um Kassel

9b) Das Steinkammergrab bei Züschen

10) Menhir-Tour rund um Dörnten bei Goslar

11) Steintour X
    Bergweiler bei Wittlich / Eifel

12) Steintour XI
    zum Ferschweiler - und Schankweiler Plateau

13) Menhire in Europa

14) Menhire und Dolmen
    Von Weris & Oppagne & Fontanaccia

14a) Die Teufelssteine von Weris & Oppagne & Fontanaccia

14b) Der Roque Chinchado auf Teneriffa

Hinweis:

Buch 2 "Klima-, Erd- und Sonnenzyklus"
Der Umschlag enthält den 100 000-, 1000-, 200- u. 100-Jahre-Zyklus, den 20-30 Bi-/Tridecadal-Zyklus und den 10-Jahrezyklus (letzterer bezüglich der Arktischen Oszillation und der nordhemisphärischen Schneebedeckung).

1a) Menhir-Tour I (Traben-Trarbach-Rhaunen)

1. Mittelmosel-Stein-Tour I

Die Tour I führt von Traben-Trarbach über Kautenbach - Longkamp - Götzeroth -Belginum - Hochscheid- Stipshausen -Hottenbach- Rhaunen - Krummenau - Horbruch - Hirschfeld - Irmenach - Starkenburg -Enkirch - Traben-Trarbach - Stipshausen -Hottenbach- Rhaunen - Krummenau - Horbruch - Hirschfeld - Irmenach - Starkenburg - Enkirch - Reil - Traben-Trarbach

Besichtigung u.a. der *"ROTEN GÖTTIN"* in Traben-Trarbach. Weiter geht es in die *"Trarbacher Schweiz"*, vorbei am *"Mönch"* und Wildstein, der Felsenkanzel *"Uhufels"*, der *"Bischofsmütze"* und des *"Pferdskopfs"* in Kautenbach.

Es geht zum "Kautenbacher-Felsengarten" am Waidmannspfad. Zum "Bildstein" am künftigen BELGINUM-Weg. Zur Menhirgruppe am Gräberfeld von BELGINUM, der Jupitergigantensäule von Hundheim im Museum, der Göttin SIRONA in Oberkleinich, weiter zum "Dickenstein" bei Hochscheid –des römischen Badeortes– "Hochscheid".

Auch sehen wir den *"4-Götterstein"* in der Kirche von Hottenbach, den *"Königstein"* und den von Uwe Anhäuser 2004 gefundenen Leugen- = Meilenstein in Rhaunen. Weiterhin besichtigen Sie auf dieser Tour: *"Bildstein von Irmenach"*, die Hödeshofschanzen, die *"Galgensteine"* beim Hödeshof, die *"Campsteine"* auf der Höhe vor Starkenburg und die *"Thommen-Hinkelsteine"* von Enkirch. Zum Abschluss setzen wir mit der Fähre über nach Kövenig zur *"Steinernen Schlange"* bei Reil und unser Weg führt zurück nach Traben-Trarbach.

Reiseführer Hubertus Schulze-Neuhoff.

47 Sehenswürdigkeiten im Raum Traben-Trarbach (u.a. Kult-, Grenz-, Visier-, Hexen-, Feen-, Gerichts-, Hinkel-, Hunnen-, Leugen-, Natursteine und der Jupitergigantensäule mit Vier-Götterstein):

1. "Rote Göttin"
–Eintiefung als Geschlechtsmerkmal–
Untere Kaiserstraße in Traben-Trarbach
Traben-Trarbach

2. Kultstein oder Königsgrab Wild-/Will- = Wendelstein
Traben-Trarbach
Sage: Drehung bei Wind und Mittagsgeläut

3. **Der Uhufels,** eine sog. Felsenkanzel am Wirtzfeldpfad
   Traben-Trarbach/Kautenbachtal

4. **Pferdskopf,** Kultstätte "Heidentreppe"
   Kautenbach

5. Bischofsmütze

Eine Felsnase mit dem Aussehen eines Bischofshuts
bei **Kautenbach,** vom Hotel "Kogge" / Bad Wildstein zu sehen

6. Ringwall auf der Gottwerthshöhe bei Kautenbach

nahe Sportplatz. Vor- und frühgeschichtliche Burgwälle.

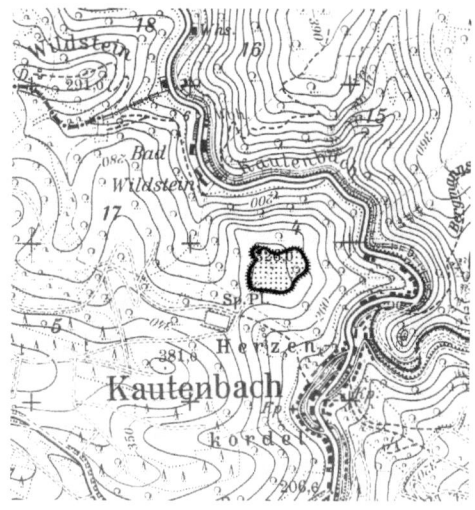

7. **Mönch und Jungfrau**
   Zwei Felsnasen die hoffentlich nach gut 120 Jahren nach einem
   alten Foto wieder gefunden werden. (Foto Mitscher aus dem
   Jahr 1883, im Archiv von Hans Schneiß)
   Kautenbachtal

8. **Der "Mönch"** im Felsengarten bei **Kautenbach**
   (Ausgangspunkt Hotel "Kogge", auf "T3" Richtung Wildstein,
   nach ca. 250 m (siehe Beschreibung unter "Neu Entdeckt").

9. **Bil- oder Bildstein, imposanter Natur-Quarzstein.**
   Am Ilsbach zwischen Kautenbach und BELGINUM

10. Die Drei Säulen (Quarzitdenkmäler)
   Trabener Bach

11. Jupitergigantensäule
   Hundheim im BELGINUM bei Wederath

12. BELGINUM
Bei Wederath, Gräberfeld-Menhire

13. "Göttin Sirona"
Im Museum von Oberkleinich

14. "Göttin Sirona"
An der Römerstube in Hochscheid, am Waldrand Richtung Idarkopf und im "Heiliggeist"

15. **"Jupitergigantensäule" in Stipshausen**
Siehe u.a. bei www.guenter-hauenstein.de

16. **"Vier-Götterstein" von Hottenbach**

17. **"Leugenstein" und "Königstein" von Rhaunen**
Letzterer wurde von Uwe Anhäuser im Jahre 2004 gefunden

18. **"Bildstein von Irmenach"**
Natur-Quarzstein im "Kirschwald"

19., 20., 21., 22. Vier Schanzen nahe dem Hödeshof
Zwischen Irmenach und Starkenburg

Der ca. 300 Meter lange Wehrgraben zur Schanze am Hödeshof
aus den Jahren um 1795.

22. Campsteine bei Starkenburg

Visiersteine zur Bestimmung der Erntezeiten (nach Helmut Wendhut)

23. Hofboor

Eine Quelle die, die Grevenburg wurde vor ca. 300 Jahren mit Wasser gespeist hatte)

24. **Panoramablick und Einkehrmöglichkeit Grevenburg**
25. **Panoramablicke vom Mont Starkenburg** ins Umland
26. **Panoramablick von der Bismarckhöhe**
    Dem höchsten Punkt des "Mont Starkenburg"
    Bismarckhütte, Pavillon und "Rottenblick"
27. **Panoramablick vom Pavillon nahe Starkenburg**

28. + 29. Einkehrmöglichkeit
    Im "Hüttenzauber" und in der "Schönen Aussicht"

30.   **Burgruine Starkenburg**

31. + 32. **Panoramablicke vom Moselhöhenweg**
        Auf Kirst und vom Rottenblick

33.   **Enkirch**
        Pavillon Weinlehrpfad, Thommen = Grabhügel,
        Hinkelstein und Gerichtsstein

34.   **Fünf-Tälerblick**
        Oberhalb des Pavillon & Weinlehrpfads

35.   **Menhir "Zum Frechert"**

36.   **Hinkelsteinplatz in Enkirch**

37.   **Drei keltische Viereckschanzen**
        Auf Hunseifen / Spanerberg

38.   **Menhir(e) vom Huneck = Hunneck**
        (Auf der Höhe zwischen Enkirch und Raversbeuren)
        Ca. 500 m weiter gibt es den Hunseifen mit sogenannten kelt-
        schen Viereckschanzen. Neben Huneck und Hunseifen gibt es
        noch den Hunacker bei Irmenach-Beuren, ca. 5 km Luftlinie
        entfernt, wo 1982 ein Keltengrab beim Landwirt Norbert
        Reitz gefunden wurde, der Trierer Volksfreund berichtete im
        Juli 2004 nochmals darüber.

39.   Der Hohestein nahe der Mini-Ortschaft Hohestein

40. + 41. "de Hex"

Ein Quarzitfels in der Nähe von Raversbeuren-Meiermund,
dort wo die Hunsrück-Autorin Liesel Franz daheim ist.
Hierzu gibt es je eine Sage wie zu vielen Steinen. Nachzulesen
bei Ludwig Schößler (Liesels Großvater, in:
"Der Schöffe von Briedel" (Rhein-Mosel-Verlag).
Gegen diesen Schöffen verteidigte die alte "versteinerte Frau"
ihren Berg. Mein Dank an dieser Stelle an Dieter Franz für
den Tipp. Auch existiert in der Nähe ein Opferstein, Hinweis
von Herrn Schell aus Maiermund.

"De Hex"

(Foto: Horst Faust Starkenburg)

42.   Die Reiler "Steinerne Schlange"
Diese Felsenform (Wurstform = steinerner Schlangen-
schwanz) ähnelt den Mullionformationen von Simmerath-
Dedenborn in der Eifel.

43.   Die Felsenkanzel "Goldenes Kreuz"
Über dem Tiefenbachtal bei Bernkastel-Kues steht nahe dem
Wasserfall in der Nähe des Tinkeler Heiligenhäuschens. Der
Name Tinkel soll von Hinkelstein = "det Hinkel" kommen.
Hier ein Foto vom Kreuz aufgenommen von H e r r n H a n s -
Peter Kropp).

**44., 45. und 46. Die "neuen Lonkamper Schanzen"
und "Bresgens Ruh"**

Die Felsenkanzel Bresgens Ruh, ebenfalls über dem Tiefenbachtal. Zu empfehlen ist folgende Wanderroute: Von Longkamp aus auf dem L1 bis zum Waldrand. Dort dem Hinweisschild Bernkastel folgen. Nach ca. 100 m am "Maiweg" geradeaus, dann halblinks an der Gabelung. Linker Hand sehen
Sie eine der zwei neuentdeckten Schanzen von 1795. Über die
Feldflur geht es bis zum Waldrand, dann folgt man den Hinweisschildern "Goldenes Kreuz" und "Bresgens Ruh" und
Bernkastel.

47. Der Menhir "Uhrenstein"

Auf der Windschnur am Rand von Monzelfeld, 300 m vor der
1855 erbauten Kapelle "Maria Hilf" befindet sich dieser.

Die Sage zu dem **"Wendelstein"** = **"Wildstein + Werdelstein"** = **Wellstein"** "sich angeblich drehende Steine". Im Antweiler Busche zwischen Antweiler, Lessenich und Billig liegen am Wege nach Münstereifel zwei gewaltige Steine, von denen die alten Leute sagen: ..."Wenn die Steine Mittag läuten hören, drehen sie sich auf die andere Seite". Eine ähnliche Sage gibt es von Marmagen.

Der bekannteste Stein der Hexen ist der Blocksberg im Harz. Feensteine sind die berühmten Feenkamine (Peribacalari) in Kappadokien in der Türkei.

Der sogenannte "Runde Stein" bei Milzenhäuschen ist wahrscheinlich der Unterteil eines römischen Meilensteins. Man erzählt, dass der Stein sich dreht, wenn es 12 Uhr Mittag läutet, (mündliche Überlieferung von Rudolf Schmidt, Marmagen). Der Gedanke der „drehenden Steine" spiegelt altes Denken. In der Bretagne sind Überlieferungen von drehenden oder tanzenden Dolmen sehr häufig. Da immer wieder die Sonnenwenden oder der höchste Sonnenstand (wenn es zu Mittag läutet) genannt ist, bringt man diese Steine mit Sonnenkulten in Verbindung. Es drehen sich also nicht die Steine, sondern die Sonne dreht sich um die Steine, die somit als Sonnenuhr und Kalender dienten - Sophie Lange "Hier spukt's. - Sagen und alte Dorfgeschichten um Nettersheim".

In Planung:

1b) "Kleine Menhir Campsteine-Schanzen-Panorama-Tour"
An einem Wochentag jeweils in der Saison ab dem Jahr 2005 wird es
eine Fahrt auf den Mont Starkenburg und Mont Royal mit Herrn
Fritz Kröber geben: Vom alten Bahnhof mit Kleinbus zum alten Bad
Wildstein mit Besichtigung des alten Badestollens und der Thermal-
quelle sowie Blick hinauf auf Bischofsmütze und das Kautenbacher
Felsenmeer (Bezeichnung von Realschullehrer a.D. Horst Faust).
Über das Schott-Tal geht es weiter zum Hödeshof zur Besichtigung
der drei Schanzen. An den Visiersteinen = Campsteinen und dem
Hofboor, einer alten Quelle, die das Wasser für die Grevenburg liefer-
te, wird kurz Halt gemacht. Dann geht es zur Bismarckhöhe, -hütte
und zum Strakenburger Pavillon mit sagenhaften Panoramablicken.

In der einen Woche wird Rast im "Hüttenzauber", in der anderen in
der "Schönen Aussicht" gemacht. Über Kirst geht es abwärts zum
Rottenblick nach Enkirch
In Reil besichtigen wir die "Steinerne Schlange", eine seltene geologische Formation im Schiefergebirge. In Kövenig fahren wir aufwärts
zum Panoramablick auf den Mont Royal. Von dort geht es mit Panoramablick auf Kröv über Wolf mit seiner Klosterruine zurück.

1c) Eine Extra-Tour: Longkamp - Monzelfeld - Bernkastel
Von Longkamp auf dem L1 zur Felsenkanzel "Bresgens Ruh", "Goldenes Kreuz" und "Uhrenstein" (Nr. 42. - 47.)

1d) Erläuterung zu den Bilsteinen = Bildsteinen
"Bielsteine" oder "Bilsteine" (Auszug Bettina Licht).
Bilsteine oder Bielsteine gibt es in vielen Regionen. Allen Bilsteinen
ist gemeinsam: es handelt sich um sehr auffällige und charakteristisch
vorstehende mitunter bizarre Steinformationen.
Es könnte vom Wort Bühl = steiler Berg, aus dem Altdeutschen von
bul oder buhil = Hügel, von "Bild" = "Bildstein", von Beil kommen,
was auf die Form hinweist (das germanische Adjektiv zu Beil ist "bil"
und heißt "gespalten").

Angeblich hätten die Steine einen Spalt in der Mitte, vom Bilsenkraut, einer alten Rauschdroge. Bilsteine seien alte Kultplätze, an denen Rituale mit der Wirkung von Bilsenkraut vollzogen worden sind. Gerd Bauer wirft in seinem Buch "Geheimnisvolles Hessen" (s.o.) den Gedanken auf, dass sich der Name vom keltischen Sonnengott Belenus ableitet. Die zahlreichen Bilsteine seien entsprechend Belenus-Heiligtümer gewesen.

Der Maschinenbaukonstrukteur Winfried Kräling aus Marburg hat sich sehr intensiv mit Archäoastronomie beschäftigt und erklärte, dass der Begriff "Bilstein" von "Peilstein" kommt. In der Steinzeit hätten die Menschen die charakteristischen, vorspringenden Steine als Beobachtungssteine für den Sonnenstand genutzt. Ein Bilstein liegt z.b. unterhalb des Hohen Meißners zwischen Abterode und Albungen. Auf dem Weg zum Gipfel befindet sich ein kleiner Frau-Holle-Schrein. Ein Berg "Bielstein" liegt nicht weit entfernt etwas nördlich von Großalmerode. Oben befindet sich ein Aussichtsturm.

Ein weiterer Bilstein befindet sich bei Istha (bei Wolfhagen in Nordhessen), wo auch ein 1,50 m hoher Menhir mit Ritzzeichnungen stand, heute im Museum Wolfhagen.

Ein Auszug aus: www.bilsteinhoehle.de/Tourismusgeschichte.

Der Bilstein bei Hirschberg (bei Meschede und Warstein im Sauerland) und wie aus den Bil- = Bylstenen, Bildsteine wurden.

Das Bilsteintal mit dem Bilsteinbach und dem Bilsteinfelsen an der heutigen L 735. Bilsteinbach und Bilsteinfelsen sind als "Bildstein" wiedergegeben. Die Kartographen, fast immer von auswärts, hatten Probleme mit den häufig mundartlich gefärbten Flurnamen. Sie übersetzten diese Namen deshalb in Namensformen, die ihnen plausibel erschienen. Der Flurname "Bilstein" ist jedoch schon 1442 in einer Mescheder Urkunde als "Bylstene" bezeugt. Diese alte Form zeigt, dass der "Bilstein" keinesfalls ein "Bildstein" ist.

Eine "Bielsteinschlucht" mit Kellerloch gibt es auch bei Kempen in der Nähe vom Velmerstot (EGGEGEBIRGE), ein Naturdenkmal der besonderen Art. Vielen Dank für die Hinführung durch Herrn Borgmann aus Kempen.

Menhir-Tour II

Traben-Trarbach - rund um Morbach. Die Wanderfreunde Berthold Staudt und Hermann Bohn werden uns zu den keltischen und Naturdenkmälern rund um Morbach führen.

1   **Wolfer Schanze** an dem Wanderweg Wolf-Koppelberg zum Mont National.

2   **Graacher Schanze,** 100 m weiter als Wolfer Schanze.

3   **Drei Longkamper "Alte Schanzen"** am L1 in Richtung Longkamp.

4   **Zwei neue Longkamper Schanzen,** von Hubertus Schulze-Neuhoff am 05.11. und 26.12. 2004 wiederentdeckt.

5   **Graue Lay,** ca. 500 m vom Heidenpütz entfernt (ein Naturdenkmal).

6   **Judenpütz bzw. Judenfriedhof** von Elzerath, nahe der Ausoniusstraße.

"Viereckiges Megalithbauwerk, 80x35m, mit römischem Tempel an der S-Ecke (6x6m) im Heidenpütz an der Quelle des Heinzerbaches. Römische Siedlungsreste und Burgus, mit Tabernae v. AUSONIUS vergleichbar ?, 4. JHR, Mauern bis 60 cm hoch, 4 Hausgrundrisse" so steht es bei www.guenter-hauenstein.de

"Wahrscheinlich hat AUSONIUS in Tabernae eine Rast eingelegt. ... Es spricht einiges dafür, dass dies beim Quellgebiet des Heinzerbaches, also beim Heidenpütz war". Nach Uwe Anhäuser kann man diese Aussage von Prof. Binsfeld nicht so stehen lassen. Tabernae liegt wahrscheinlich außerhalb des "Trierischen Reiches".

Funde bestätigen , dass es an dieser Stelle eine römische Siedlung gab. Vier Hausgrundrisse wurden freigelegt. Etwa 300 m oberhalb der Römerstraße erkennt man auf Reihe gesetzte Quarzitsteine, die ein unregelmäßiges Viereck von rund 80 m Länge und 35 m Breite ergeben. An der zur Ausoniusstraße gelegenen Breitseite wurden die Grundrisse eines quadratischen Baues freigelegt, wohl ein Tempel, der die Vermutung als Kultstätte erhärtet.

Quelle: Binsfeld, W., Führer zu vor- und frühgeschichtlichen Denkmälern Westlicher Hunsrück, Band 34, 1977. Auf Seite 205: das Felsheiligtum "Judenkirchhof" (Auszug überreicht von Berthold Staudt und "Voltaire").
Wie kam es zu der Bezeichnung Judenkirchhof = Joddekirchhof? Eine Antwort finden Sie bei:
www.wisoveg.de/woengede2/texte/judenfriedhof

Nach Uwe Anhäuser könnte der Name auch nach den Jüten, einen germanischen Volksstamm aus Jütland, benannt sein. Demnach wäre es ein Jüten-Friedhof, wovon es ca. 13 in Eifel und Hunsrück gibt. Mindestens 41 dieser Quarzitsteine sind heute noch beim Elzerather "Judenfriedhof" vorhanden. Einige sind leider zu Kies zermalmt worden. Auf Reihe gesetzte Steine kennt man auch in Leistrup und Enkirch.

7   **Rapperather Wacken**, Mariensäule und Großer Herrgott

8   **Hunolstein**

9   Die **Felskanzel** bei Morbach-Hoxel
     Naturdenkmal **"Im Stein"**, zu erreichen über den Wanderweg "3", der von Morbach zum Erbeskopf geht. Auch mit PKW vom Husarenweg aus zu erreichen.

10   Zum keltischen **Ringwall zwischen Allenbach und Leisel** auf dem Ringskopf (650 m).

11   Bei Kirschweiler finden wir die **Kirschweiler Festung** auf dem Silberich (Hunschrack, 628 m), eine keltische Kultstätte, die nur in Kriegsjahren eine Festung war.
     Zwischen Ringkopf (Ringskopf) und Kirschweiler Festung lief eine römische Fernstraße.

12 **In Sensweiler finden sich 5 Steine im Kirchturm,** worüber Uwe Anhäuser persönlich mitteilt: "Die fünf Steinmasken im Kirchturm in Sensweiler entstammen wohl einem keltischen Heiligtum, das im Zusammenhang mit dem ... Keltenwall auf dem Ringskopf ... bestanden haben dürfte."

13 Wir fahren weiter bis Mörschied zur "Burr", Quarzitschuttfächer, sog. Rosseln.
Auf der Gemarkung Morschied-Riedenburg liegt ähnliches: "eine bizarre, wild zerklüftete Rossel, eine mit Trümmergestein übersäte Blockhalde (durch mechanische Zertrümmerung und Frosteinwirkung über Jahrmillionen entstandene "Quarzitthangschuttbildungen". "Im Stein" heißt dieses Naturdenkmal. Dank an Berthold Staudt für diesen Hinweis (siehe auch 9).

Die Quarzitfelsen von Hunolstein - Graue Lay - Bildstein im Kautenbachtal usw. entstanden im Perm um 200 Mio Jahre vor unsrer Zeit. Vulkanismus sprengte damals Risse ins Schiefergestein, in das dann kieselsäurehaltiges Wasser eindrang und abkühlte. So entstanden die Gangquarzadern. Duch Verwitterung wurden sie "freigefegt", vom umliegenden Schiefer befreit. So ist es von K.-J. Prüm und bei Binsfeld beschrieben.

Menhir-Tour III
Trittenheim

Beitrag von Marlene Bollig aus Trittenheim.

Beginnend in Trittenheim, durch das Tal der Kleinen Dhron nach Bescheid, Herl und Thomm, durch den Hochwald nach Riveris, Farschweiler, Beuren, Bonerath und Hinzenburg. Rückweg durch die Hunsrückgemeinden Schönberg, Berglicht und Heidenburg zurück ins Moseltal.

1	Trittenheim:	Hinkelstein „Eselstratt"
2	Bescheid:	Menhir „Stein von Bescheid"
3	Herl:	ND „Herler Felsen, Herler Wacken"
4	Thomm:	Menhir „Hinkelstein"
5	Riveris:	ND „Langenstein"
6	Farschweiler:	Menhir „Hinkelstein"
7	Beuren:	„Stein von Beuren", ND „Graue Eltz"
8	Bonerath:	Hünengrab „Drei Mörder"
9	Hinzenburg:	ND „Seiferingstein"
10	Prosterath:	ND „Wacken und Hohenstein"
11	Schönberg:	Zwei „Menhire von Schönberg"
12	Berglicht:	ND „Berger Wacken"
13	Horath:	ND „Harpelstein"
14	Heidenburg:	Menhir „Hinkelstein"

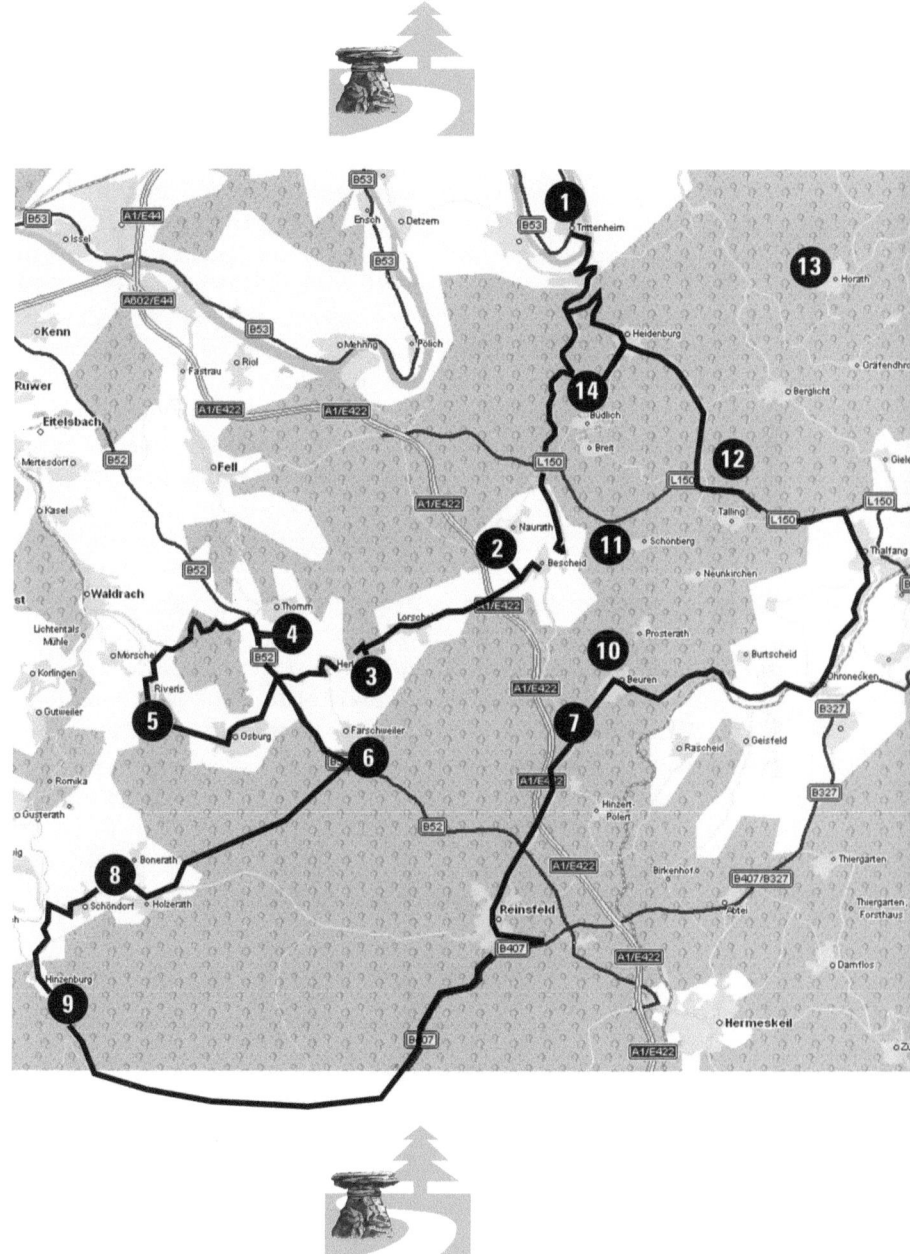

Eselstratt von Trittenheim

Hoch über den im Moseltal gelegenen Winzerdörfern Trittenheim, Köwerich und Klüsserath, ungefähr 3 km vom Ort Trittenheim entfernt auf einem Bergrücken, steht still und einsam ein ca. 3000 bis 3500 Jahre altes Relikt der Megalithkultur: der „Eselstratt" von Trittenheim. Dieser Hinkelstein ist einer der wenigen im Mittelmoselraum erhaltenen Menhire. In dem Stein sind deutlich Bearbeitungsspuren von Werkzeugen zu sehen. Mit etwas Phantasie erkennt man die Gestalt einer wohlgenährten Frau mit kleinem Kopf, zwei Ausmeißelungen stellen die Arme und ein kreisrundes Loch am Fuß des Steines stellt einen Bauchnabel dar.

Auf dieser Vertiefung beruht auch die Legende vom „Eselstratt": Eine christliche Jungfrau hat sich auf der Flucht vor einem heidnischen Ritter mit ihrem Reittier, einem Esel, an dieser Stelle durch einen heftigen Sprung ins Tal gestürzt. Zurückgeblieben ist der Hufabdruck des Esels. Bei Niedrigwasser der Mosel soll ebenfalls ein Hufabdruck im Felsgestein des gegenüberliegenden Ufers bei Köwerich zu sehen sein. Hier ist der Esel unversehrt gelandet und hat die Jungfrau gerettet. Der feindliche Ritter soll sich beim Anblick dieses Wunders ebenfalls zum Christentum bekannt haben. In den letzten Jahrhunderten wurde der markante Stein zeitweise als Gemarkungsgrenzstein zwischen den Gemeinden Trittenheim, Köwerich und Klüsserath benutzt.

Menhir: Stein von Bescheid 2

Dieser etwa 1,5 m lange Stein liegt versteckt neben einem Feldweg im Gebüsch ziemlich unauffällig an der Landstraße von Mehring nach Beuren. Er wirkt, als sei er achtlos dorthin geworfen worden. Man findet ihn am besten, wenn man von Bescheid in Richtung Lorscheid fährt und nach der Autobahnunterführung A 1 direkt rechts auf die Landstraße nach Mehring abbiegt.

Nach etwa einem Kilometer liegt der Stein links am Waldrand. Diese Straße führt heute noch den Namen ‚Weinstraße', obwohl sie schon in einiger Entfernung zum Moseltal liegt. Das ist aber ein entscheidender Hinweis dafür, dass es sich um eine alte, wichtige Überlandverbindung handelt, die vor allem dem Weintransport diente. Der Verkehrsweg wird hier von einer Grenze durchschnitten, denn auch dieser Stein stand als dreibändiges Mal am Zusammentreffen der Grenzen von Mehring, Naurath und Bescheid. Neben dem Menhir liegt noch ein zweiter Stein. Der Hauptstein ist sehr vermoost und sieht wieder nach Quarzit aus.

3 Herler Wacken und Herler Felsen

Der Herler Felsen liegt an der Straße nach Lorscheid in der Nähe einer Straßenbiegung vor der Klostermühle. Er besteht aus einem zusammenhängendem Felsblock von 50 m Länge und 30 m Höhe. Leider sind der Fels und der Hang mit Gestrüpp und Bäumen so stark bewachsen, dass er sich gut versteckt. Etwa 1 km nördlich von dieser Stelle ist ein quarzitischer Felsenzug herausgewittert: über 100 m lang und bis zu 20 m hoch. Der stark zerklüftete Herler Wacken weist viele verschiedene Formen auf und lädt zum Klettern ein. Von seinem Gipfel aus hat man einen schönen Rundblick bis ins Feller Tal.

Hinkelstein von Thomm ④

Westlich von Thomm, gleich neben einem Parkplatz an der B 52 (aus Richtung Trier an der linken Straßenseite) ragt mitten im freien Feld keilförmig ein Steinblock etwa 2 m hoch aus dem Boden. Er besteht aus dem gleichen hellen Quarzit, wie man ihn von den Wacken im Hochwaldgebiet kennt. Offensichtlich ist der Stein im Gebiet der Hunsrückwacken gebrochen und hierher geschleift worden. Von Menschenhand wurde der alte Kultstein dann aufgerichtet und stellt heute noch ein Zeugnis jungsteinzeitlicher Besiedlung im hiesigen Raum dar. Der Menhir weist schräg diagonal zum Himmel. Ähnliche Menhire werden in der Literatur auch als ‚Fingerzeig Gottes' gedeutet.

⑤ Felsformation Langenstein bei Riveris

Oberhalb von Riveris auf der westlichen Talseite in Richtung Talsperre befindet sich ein hoher Quarzitfelsen mit Namen „Langenstein". Er ist von mehreren senkrechten Spalten und querlaufenden Rissen durchzogen und wirkt sehr zerklüftet. Den Namen hat er sicherlich erhalten, weil die aufragende Form stark an einen Menhir erinnert. Vor Jahrhunderten hat sich durch einen Blitzeinschlag ein großer Block vom Felsen gelöst und ist den Hang hinuntergestürzt. Dort liegt er heute noch. Dieses Naturdenkmal erreicht man von Morscheid aus über einen Waldweg.

Menhir „ Stein von Farschweiler" 6

Bei diesem Menhir handelt es sich um einen obeliskartigen Stein, wohl 3 m lang, der umgefallen an einem Waldgrenzgraben etwa 1,1 km nordwestlich von Farschweiler liegt.

Um den Stein zu finden, fährt man die B 52 von Trier - Hermeskeil und nimmt die Ausfahrt Farschweiler.

Nach den ersten Häusern kommt eine 180° Kurve. Am Ende der Kehre vor dem Ortsschild biegt man nach rechts auf einen asphaltierten Feldweg ab. Der Weg führt am Waldrand entlang immer geradeaus. An der nächsten Verzweigung geht es halblinks zum Stein von Farschweiler und halbrechts zu den Hügelgräbern und dem Stein von Beuren. Kurz hinter einer Schneise, auf der rechten Seite in einem Brombeergebüsch, liegt der Stein von Farschweiler. Das Gebüsch ist teilweise gerodet, sodass der mit Moos bedeckte und zum Teil verwitterte Stein wie ein schlafender Riese aussieht. Der Stein gleicht einer abgebrochenen Säule, wobei das eine Ende etwas spitz zuläuft und dadurch eine konische Form aufweist. Durch die unbelaubten Bäume hat man vom exponierten Standort des Menhir einen guten Fernblick auf die Gemeinde Herl.

Menhir „ Stein von Beuren"

Der Hinkelstein von Beuren gleicht auf den ersten Blick einem umgefallenen, mächtigen Quader.
Er wirkt ziemlich eckig und kantig. Wenn man davor steht, ist links unten eine größere abgebrochene Stelle zu erkennen. Um den Menhir zu erreichen, folgt man der Wegbeschreibung ‚Stein von Farschweiler' bis zur Verzweigung im Wald. Man bleibt auf dem Weg zu den Hügelgräbern. Immer geradeaus sieht man rechts über dem Weg ein gelbes Jagdhaus. Man nimmt den linken Weg immer geradeaus. Links unten im Tal kann man nach einiger Zeit den Bickenbach sehen und hören. Nach etwa 2 km wendet man sich nach links und steigt ins Bickenbachtal hinab. Unübersehbar bei der nächsten Kreuzung nach ca. 500 m liegt in der Nähe der Quelle des Bickenbachs der gesuchte Stein. Neben dem Stein ist noch ein Steinsockel oder ein im Boden steckender Steinstumpf zu erkennen, sodass es aussieht, als wäre der Stein abgebrochen. Der Menhir ist gut 2,50 m lang und 70 cm hoch. Er liegt ziemlich frei. Bei genauerem Hinsehen kann man leichte Bearbeitungsspuren in Form von Rillen erkennen. Es wurde wohl versucht, die Oberfläche des Steines zu glätten.

Felsformation „Graue Eltz"

Im Wald der Gemeinde Beuren findet man den imposanten Quarzitblock: „Graue Eltz".

Das harte Gestein hat im Laufe von Jahrmillionen durch Verwitterung und Erosion der weicheren Schiefer- und Grauwackenablagerungen seine heutige Form erhalten. Das Naturdenkmal befindet sich neben der Erhebung Fullbachskopf (580 m).

8 Hünengrab von Bonerath-Holzerath

An der Landstraße von Reinsfeld nach Holzerath liegen kurz vor
Ende des Waldgebietes auf der linken Seite ganz versteckt mehrere
Megalithen im Wald nahe dem Parkplatz ,Drei Mörder'. Die Quader
aus Hunsrückquarzit wurden offenbar von Menschenhand hierher
geschafft und lassen die Vermutung zu, dass es sich um ein zerstörtes
Steingrab aus der Megalithkultur handelt. Wer einmal die norddeutschen Hünengräber in der Ahlhorner Heide besucht hat, muss Ähn-
lichkeiten erkennen. Es handelt sich bei dem für unsere Gegend sehr
untypischen Megalithbau wohl um einen einfachen Dolmen. Zwei
Quader wurden als Tragstein aufgestellt, wie die bei den Menhiren
und ein dritter Quader diente als Deckstein. Später im Mittelalter
wurde die Grabstätte genauso durch Umstürzen zerstört wie die
Hinkelsteine. Folgende Sage erklärt den seltsamen Namen: Vor
Jahrhunderten wurde der Reinsfelder Pfarrer, zu einem verunglück-
ten Holzfäller im Wald bei Holzerath gerufen. In die einbrechende
Nacht hinein machte der Mann sich auf den langen und gefahrvollen
Weg. Im Wald überfielen ihn Mörder. Der Pfarrer in seiner letzten
Not auf Gott vertrauend, den er ja in Gestalt der letzten Ölung bei
sich trug, schlug das Kreuz und augenblicklich erstarrten die drei
bösen Männer zu Stein. Der Hund, der bei ihnen war, liegt in Form
eines kleineren Steines am Eingang in das Kiefernwäldchen.

Seiferingstein bei Hinzenburg ⑨

Der Seiferingstein liegt etwa 2 km östlich von Hinzenburg mitten im Wald des Naturparks Saar-Hunsrück. Das Naturdenkmal ist ein hoher, stumpfkegelförmiger Quarzitfels und liegt auf einer Höhe von 539 m. Von hier aus geht der Blick weit über die bewaldeten Höhen des südlichen Hochwaldes, bei gutem Wetter sieht man die Berge der Eifel.

Über die Zwerge vom Seiferingstein erzählt man sich folgende Sage: Vor langer Zeit lebten in den Felsspalten und Höhlen des Felsens Zwerge. Sie kürten einen König und bauten ihm eine prächtige Residenz mit prachtvollem Hausrat.

Bei der Suche nach einer Gefährtin fiel die Wahl auf eine wunderschöne Fee. Zum nächsten Vollmond sollte das glanzvolle Fest unter dem Sternenhimmel stattfinden. Doch in der gleichen Nacht kamen einige junge Burschen in den Bereich des Seiferingsteines. Sie entdeckten die Zwergengesellschaft und stürzten sich sofort auf die glitzernden, goldenen Geräte und Steine.

Blitzschnell ließen die kleinen Wichtel alles verschwinden. Der König sprach einen Zauber und die herrliche Burg fiel in Trümmer. Der feste Hauptturm blieb in seiner Masse bis heute erhalten und auch glitzernde Steine lassen sich noch finden. Die hatten die Zwerge in aller Eile vergessen. In unmittelbarer Nähe zum Seiferingstein findet man 2 weitere herausgewitterte Quarzitfelsgruppen: den Spitzenstein und die Fischhuffelsen. Bei den letzteren wurde 1934 Quarzit für den Wegebau gesprengt. Glücklicherweise wurden die Pläne zum Quarzitabbau zurückgestellt, sodass die Felsformation noch erhalten ist.

Felsformation „Prosterather Wacken und Hohenstein"

Am Ortsrand von Prosterath in der Straße „Zum Felsen" türmt sich inmitten einer Wohngegend ein haushoher Felsblock auf, der die letzten Jahrmillionen unbeschadet überstanden hat: die Prosterather Wacken.

Als einziges der Quarzitnaturdenkmäler hat sich diese Formation in einem Ort erhalten und der Straße ihren Namen gegeben. Verlässt man das Dorf in südlicher Richtung findet man auf dem Weg nach Beuren als zweites Naturdenkmal des Ortes den „Hohenstein", ebenfalls ein markanter Quarzithärtling.

Menhire von Schönberg ⑪

Im Archiv für Kultur und Geschichte des Landkreises Bernkastel (Nr.3/1966) sind unter der Gemeinde Schönberg im Hunsrück 2 Menhire erwähnt, die heute wieder aufgerichtet stehen und mit ihrer Mächtigkeit den Betrachter beeindrucken.

Menhir 1

Etwa 1 km vor der Abzweigung der L 150 nach Talling geht rechts ein kleiner asphaltierter Feldweg ab. Nach etwa 200 m biegt in einem Straßenknick links ein Feldweg ab. Man geht auf dem Feldweg etwa 50 m genau auf den Wald zu, wendet sich ein paar Schritte nach links und folgt dann einem schmalen Waldweg mitten in das Eichengehölz. Nach etwa 150 m Aufstieg sieht man auf einer Anhöhe von Bäumen umgeben den aufgestellten, mächtigen Menhir: ein weißer, glatter Quarzitblock stark mit verschiedenen Flechten bewachsen. Im Archiv findet man über diesen Menhir folgende Angaben: Nördlich des Ortes Schönberg, unweit der Straße Büdlicherbrück-Talling wurde bei Waldabtrieb am Rande des Tales in einem Gehölz ein Menhir entdeckt, der aus einem Quarzitfindling besteht. Der Stein ist 2,85 m hoch, 1,35 m breit und 0,95 m dick. Er verjüngt sich nach oben, ohne in eine Spitze auszulaufen.

Menhir 2

Man fährt die Landstraße L 150 von Büdlicherbrück Richtung Thalfang. Kurz vor Talling biegt man nach rechts auf die Kreisstraße K 108 Richtung Schönberg ab. Nach etwa 250 m sieht man auf der linken Straßenseite unweit einer Trafostation (Umspannanlage) neben einer kleinen Baumgruppe den weißen, mächtig wirkenden Menhir aufragen. Er wirkt wuchtiger und zerklüfteter als Menhir 1, ist auch oben schmaler als unten ohne eine Spitze zu haben. Im Archiv findet man über diesen Menhir folgende Angaben: In der Nähe der Trafostation, in der Schleife eines Feldweges von Schönberg nach Talling, ist ein großer Menhir in Sturzlage gefunden worden. Länge 2,85 m, Breite 1,30 m, Dicke 1,10 m. Bei Regulierungsarbeiten wurde der Stein etwa 50 m nördlich der Fundstelle wieder aufgesetzt.

Felsformation „Berger Wacken" 12

Folgt man der großen römischen Fernstraße „Via Ausonia" von Gräfendhron aus in Richtung Trier, findet man zwischen den Gemeinden Berglicht und Talling in einem dichten Eichenwald mächtige Quarzitfelsbrocken. Dieses Felsenmassiv ist eines der schönsten in seiner Art im Hunsrück. Das Teilstück „Langer Wacken" ist etwa 200 m lang, 15 m hoch und 20 m breit. An der Nordseite des Wacken entdeckt man einen 5 m tiefen Hohlraum. In dieser „Schinderhanneshöhle" soll der berühmte Räuberhauptmann vor etwa 200 Jahren genächtigt haben. Oben auf dem Wacken in einer Höhe von 487 m gibt es einen wunderschönen Aussichtspunkt. Eine weitere Felsformation ist das ND „Katzenstein" zwischen Berglicht und Gräfendhron. Auch diesen „Stein" kann der Wanderer vorsichtig besteigen.

13 Harpelstein bei Horath

Folgt man der Landstraße von Gräfendhron nach Papiermühle dhronabwärts ist die große Felsformation des Harpelsteins auf der rechten Seite nicht zu übersehen. Die gesamte Gemarkung von Horath rund um den Harpelstein ist durch extrem viele archäologische Fundstellen aus vorgeschichtlicher und römischer Zeit gekennzeichnet. Auf dem Quarzitfelsen hat man Wall- und Grabenreste gefunden, die anzeigen, dass hier im frühen Mittelalter eine Wallburg errichtet worden war. Die geographische Lage war für eine solche Anlage ausgezeichnet. Etwa 1,5 km dhronaufwärts sieht man eine weitere auffallende, aber weniger bekannte Felsformation: den Guckelstein.

Menhir-Tour IV
In den Raum Trier / Saarland

a)im Stadtteil Konz-Berendsborn bei Trier, am Ort des früheren Grenzsteins der Hochgerichtsheiden zwischen Saarburg und Pfalzel, steht der ursprüngliche Stein noch im "Kaiserwäldchen".

b) die Felsdenkmäler von Kastel-Staadt/Serrig (Römertor, "Willy-Brandt-Fels", Altfels, und Klause).

c/d) Trias-Touren: Der Teufelsstein und Schalenstein "Herrgottsstein" bei Mettlach und zum neuen Teufelsstein nach Ayl (der alte wurde gestohlen).

Die roten Sandsteine sind verdichteter Sand und Geröll aus einer Zeit vor ca. 200 Mio. Jahren, als bei uns Saharaklima herrschte. In diesem roten "Naturbeton" – Originalton K.-J. Prüm – grub sich die Saar ein und übrig blieben viele "Teufelstische" und Steinsäulen durch Verwitterung des weicheren Materials.

Menhir-Tour V
Raum Kaiserslautern - Lambrecht (Pfalz)

Reiseleiterin: Christel und Wilfried Schneider. Er ist Sohn von Appolonia und Hans Schneider aus Enkirch und Bruder von Wolfgang Schneider aus Traben-Trarbach, wie ich bei der Menhir- Einweihung des "Spitzen Steins" bei Esthal im Jahre 2004 erfuhr. Mit dabei auch Frau Ingrid Holm aus Neustadt, geb. Scherer aus Traben-Trarbach.

Etappe 1:
Start: An der Bordmühle zwischen Frankenstein und Weidenthal (an der B 39); Abzweig ins felsenreiche Leinbachtal, an der Staumauer vorbei ins Bittenbachtal zum "Monolith aus grauer Vorzeit", erst 2004 wiederentdeckt. Ist es der "Gudenstein" an der Einmündung des Bittenbachtals?
Es geht weiter zum "Atlasfels" = "Wodanstein" im Leinbachtal im Flur "Hoehe Loog".

Etappe 2:
Mit PKW durchs Hochspeyerbachtal ins Spitzensteintal, Richtung Esthal in der Nähe Lambrecht-Frankeneck. Hier finden wir den Hinkelstein "Spitzer Stein" (so heißen die Steine auch in Enkirch an der Mosel). Am 19. Juni wurde der Stein in Erinnerung an einen zerstörten Menhir gleichen Namens eingeweiht.

Etappe 3:
Stein-Rundweg, an ca. 17 neuen und alten Steinen in Lambrecht vorbei. U.a. Besichtigung vom "Teufels-Felsen" und "Dicken Stein" (moderne Steinsetzungen nach der Idee von Herrn Trujillo aus Büren bei Paderborn).

Etappe 4:
Krönender Abschluss mit Fahrt –wenn mein Vorschlag angenommen wird– nach Hinterweidenthal zum sagenhaften "Teufelstisch" und zum "Hühnerstein" bei Pirmasens (NE von Spirkelbach). Der Stein sieht tatsächlich wie ein Hahn oder Huhn aus.

Menhir-Tour VI
Bundenbach

Hunnenstein und "Lange Stein". Herr Uwe Anhäuser kennt u.a. den **Hunnenstein bei Mittelreidenbach,** den **Langenstein bei Bärweiler,** Grabhügel bei Sien (Siener Schnabenkanne, u.a im Museum in Birkenfeld und bei Eckhoffs in Sien). Herr Anhäuser wird uns zu diesen Orten und u.a. zum Teufelstein und den Wehlensteinen führen und über die Sagen des Hollenstein erzählen. Die Tour führt voraussichtlich von Bundenbach über Kirn, Bärenbach, Schmidthachenbach (Hunnen- stein) - Sien (Siener Schnabelkanne-Fundort), weiter in den Kreis Bad Kreuznach bis Bärweiler (Schalenstein, Lange Stein) zum Lettweiler-Hinkel-,Totenstein (mit Brandgräbern in der Nähe) und dem Altenbamberg-Totenstein mit 18 Grabhügeln.

Wir besichtigen den Menhir zwischen Hallgarten und Obermoschel nahe Bad Münster am STEIN.

Und nach einem Tipp von "Druidenforscher" Uwe Anhäuser gibt es noch einen Schalenstein bei Schweinschied, wo auch ein "Viergötterstein" gefunden wurde.

"Viergöttersteine" begegneten uns schon im Zusammenhang mit der Jupitergigantensäule von Hundheim/BELGINUM.

Zurück geht's zum eindrucksvollen Teufelstein (im Lützelsoon) und Lange Stein (am Simmerbach) nach Bundenbach.

Der Termin wird festgelegt (nach Vorgabe von Herrn Uwe Anhäuser, u.a. Autor des Buchs "Heimat am Idarwald", Literaturverlag Dr. Gebhardt + Hilden, Idar-Oberstein).

Der "Lange Stein" ist ein Härtling aus dem Oberrotliegenden.Seine Höhe misst wirklich stolze 7 m. Auch er soll sich der Sage nach um 12:00 Uhr um seine Achse drehen. Der Stein ist sehenswert. Dieser Stein und der Hunnenstein waren Grenzsteine der Hochgerichtsheide.

Menhir-Tour VII
Donnersbergkreis & Worms-Alzey

Quelle:

"Menhire" von Otto Gödel, Historischer Verein e.V., Speyer 1987. Das Buch wurde mir von Eckhoffs aus Sien empfohlen. Herr Demmer besorgte es mir und inliegend fand ich ein Foto und Text zur "Roten Göttin" vom Mont Royal. Gefunden von meinem "Ziehvater" in Sachen Heimatforschung, Helmut Wendhut. Nach der Esotherik war das kein Zufall!

Hier die 49 Steine in geografischer Reihenfolge von Nord nach Süd und West nach Ost, mit Angabe zum Ort des Steins, Name, Art und ggf. mit Hinweisen.

1 **Armsheim** (Worms-Alzey) "Dicker und Spitzer Stein" – 2 Grenzsteine –.

2 **Flonheim** (Worms-Alzey) "Langer Stein"-Grenzstein.

3 **Gumsheim** (Worms-Alzey) "Hünerstein"- Grabstele am "Hinkelsteinpfad".

4 **Obersaulheim** (Worms-Alzey) "Langer Stein"-Gerichtsstein bei der "Teufels Suppenschüssel".

5 **Dautenheim** (Worms-Alzey) Hinkelstein im "Goldacker", sieben Grabhügel in der Nähe.

6 **Essenheim** (Kr. Mainz) "Hoher/Langer Stein"-Grenzstein "Sprengelstein".

7 **Alsenz** (Donnersbergkreis) "Bannstein"-Opferstein beim "Heidenloch".

8 **Stahlberg** (Donnersbergkreis) "Langer Stein" Grenzstein mit acht Kreuzen drauf.

9 **Einselthum** (Donnersbergkreis) "Langer Stein" Grabkammer der "Rössener Kultur".

10 **Eisenberg** (Donnersbergkreis) "Fliegenstein"-Totenstätte beim Grabhügel (22 m Durchmesser).

11 **Bolanden** (Donnersbergkreis) Hinkelstein-Grenzstein.

12 **Börrstadt** (Donnersbergkreis) Hinkelstein-Totenstein bei einem Grabhügelfeld.

13 **Gonbach** Donnersbergkreis "Langer Stein"-Grenz- und Totenstein bei einem Grabhügelfeld.

14 **Rittersheim** (Donnersbergkreis) "Langer Stein"-Gerichtsstein in der Nähe ein "Hunkelstein".

15 **Obermoschel** (Donnersbergkreis) "Langer Stein"-Totenstein in der Nähe Grabhügel.

16 **Sippersfeld** Donnersberg "Babenstein"-Totenstein, Grabhügelfeld Babe = altes Weib.

17 **Sippersfeld II** "Langer Stein"-Gerichtsstein KW = Königswald, als die Pfalz zu Bayern gehörte.

Stein-Tour VIII
Im Eggegebirge zu 7 Opfersteinen

Das Eggegebirge ist der südliche Ausläufer des Teutoburger Waldes.

Etappe 1
Wir besichtigen die NADEL und den Opferstein (beide bei Lichtenau-Kleinenberg, meiner Heimat). Ausgangspunkt ist der Parkplatz Höhe Grunewald, Gaststätte "Route 68". Die alte Kultstätte in einer wildromantischen Schlucht, ein mächtiger Felsblock, vor dem ein Quell entspringt. Von da aufwärts bis zur Nadel (Aussichtspunkt bis weit nach Hessen) und zurück nach Kleinenberg. Mit PKW oder Bus zurück in Richtung Willebadessen. Von dort zu folgenden Sehenswürdigkeiten: "Faule Jäger", Drudenhöhle, Kleiner Herrgott, Karlsschanze.

Etappe 2
Am Opferstein II nahe Leopoltstal beim Velmertstot und am Kultplatz "Ulenstein" bei Bad Driburg-Ahlhausen fahren wir vorbei in den Leistruper Wald (nördlich Horn - Bad Meinberg). Wir besichtigen dort die Opfersteine III und VI, ein Steinhügelgrab und Stein-Reihen (Alignements). Krönender Abschluss dieser Etappe sind dann die Externsteine westlich von Horn / Bad Meinberg. (Alignements). Krönender Abschluss dieser Etappe sind dann die Externsteine westlich von Horn / Bad Meinberg.

Etappe 3
Von Horn-Bad Meinberg geht es auf der B239 über Schieder bis Brakelsiek zum Teufelstein im Brennerberg am Niesetal. Hier befindet sich der Opferstein 1 von Kleinenberg.

Steintour IX
Rund um Kassel

Die Tour führt u.a. zum Riesenstein, Hünstein, Wodanstein und zum Dolmen bei Züschen, südwestlich von Kassel. Interessant sind die Bemerkungen zu den Bilsteinen = Bildsteinen = Peilsteinen, die wir auch bei Longkamp und Irmenach kennen. (siehe Tour Ia + Id)
Diese Tour von Dörnberg zu den Helfensteinen nordwestlich von Kassel geht zur Wichtelkirche und "Hohle Stein"; auf den Spuren von Frau Holle am großen Meißner.

Das Steinkammergrab bei Züschen

Das Steinkammergrab liegt zwischen Züschen und Lohne (Nordhessen). In jedem ernstzunehmenden archäologischen Buch über die Steinzeit wird das Steinkammergrab von Züschen erwähnt. Es handelt sich um einen bedeutsamen Fund aus dem 2. Jahrtausend vor unserer Zeitrechnung. Das Grab wurde bei landwirtschaftlichen Arbeiten entdeckt, weil die Pflugscharen des Landwirtes immer wieder auf die Steine des Grabes stießen.
Man kann auf den Steinen noch die Einkerbungen der Pflugscharen sehen. Das Grab liegt zwischen den Orten Züschen und Lohne (in Nordhessen bei Fritzlar und Bad Wildungen) und ist gut ausgeschildert. Vor einigen Jahren wurde es durch eine befestigte verschlossene Holzhalle gegen Witterungseinflüsse und Touristen abgesichert (Schlüssel gibt's in Fritzlar im Heimatmuseum gegen Pfand!). Repliken der reichverzierten Grabplatten gibt es im Hessischen Landesmuseum in Kassel zu sehen. Die Steine sind mit Ritzzeichnungen versehen, die in erster Linie Fischgrätmuster und stilisierte Rindergespanne darstellen. An der einen Seite ist eine große Steinplatte mit einem kreisrunden Loch angebracht. Man nimmt an, dass dieses Loch eine Art "Seelenloch" darstellt.
Das ca. 20 m lange Steinkammergrab ist wirklich sehenswert. Eine Broschüre können Sie für einen Euro im EDEKA-Geschäft in Züschen erwerben.

Steintour X
Bergweiler bei Wittlich/Eifel

Etappe 1

Zum "Werthelstein" führt uns diese Tour. Man fährt von Wittlich in Richtung Bergweiler dann links ab in die Bergweiler Straße, immer gerade aus. Der befestigte Weg geht in einen Waldweg über. Des weiteren wird an dieser Stelle auf eine Erzgrube hingewiesen.

Auf dem Weg von Traben-Trarbach zu Werthelstein (bzw. auf dem Rückweg), besichtigen wir auch die Ruinen der Festung Mont Royal. (Taschenlampe nicht vergessen). Ferner auch noch die Fliehburg von Kröv oberhalb von Kövenig (Zufahrt in der Senke des holländischen Feriendorfs) und die ehemalige Schanzanlage gegenüber von Erden oberhalb von Ürzig. (Von Traben-Trarbach kommend über die Kreuzung "Kröv, Kinderbeuren, Bombogen" in Richtung Bombogen/Wittlich. Nach 50 m geht es links in den Wald zum Panoramablick auf die Mosel.

Etappe 2

Zum Quellheiligtum von Heckenmünster führt uns diese Etappe, mit sprudelnder Schwefel- und Kohlensäurequelle. Dieses Quellheiligtum bestand aus einer Tempelanlage, ähnlich dem Quellheiligtum von Hochscheid. Vom Dierscheider Aussichtsturm hat man einen herrlichen Ausblick. Zum Abschluss lohnt sich die Einkehr in der Privatbrauerei in Naurath.

Steintour XI
Zum Ferschweiler - und Schankweiler Plateau

Etappe 1

Wir fahren von Traben-Trarbach auf die neue Autobahn Richtung Lüttich. Hinter Bitburg biegen wir auf die B 257 ab bis Wolfsfeld, überqueren den Höhenrücken vor dem Prüm- und Enz-Tal und halten uns in Holsthum aufwärts nach Ferschweiler.

Am Waldende geht es rechts zur Schankweiler Klause ab. Vor dem freien Feld führt ein Weg rechts ab zum Opfer- und Kult-Menhir "Langenstein" (nicht den Schildern "Gräberfeld" und "Langenstein" in den Wald folgen, sondern bleiben Sie auf dem Weg am Waldrand).

Nach der Besichtigung Klause = Kapelle folgen Sie dem Waldweg Nr. 7 zum bekannten "Frau- bzw. Sybillenkreuz" (ein christianisierter Menhir).

Von hier machen wir einen Abstecher zum ca. 500 m entfernten Druidenstein (ein ebenfalls mit kleinen Kreuzen christianisierter Menhir) und gehen zurück und weiter auf dem Weg "A" zur Wikingerburg.

Publikationshinweise: Menhire in Europa

Quelle:
www.andiskaulins.com/publications/starsstonesscholars/starsstonesscholars.htm
Das Buch Stars, Stones and Scholars **"[Sterne, Steine und Gelehrte]"**:
The Decipherment of the Megaliths as an Ancient Survey of the Earth
by Astronomy [Die Entzifferung der Megalithen als eine uralte Landvermessung der Erde durch die Astronomie], Trafford Publishing, Kanada
und Irland, Edition 2003/2004, 420 Seiten, ca. 200 Illustrationen und
Karten.

Das Buch Stars, Stones and Scholars ist erhältlich in der Buchhand-
lung Balmer in Traben-Trarbach oder über den Trafford Verlag
online: http://trafford.com/robots/03-1722.html. Inhaltsverzeichnis
und Index sind im Internet verfügbar:
http://www.starsstonesscholars.com/tableofcontents.htm

Der Autor **Andis Kaulins** und seine Lebensgefährtin **Martha Walker**
– sie brachte meinem Sohn Jörg gutes Englisch bei – sind wohnhaft in
Traben-Trarbach. Er stellt in seinem neuen Buch die Megalithen aus
astronomischer Sicht dar. Er bespricht dort die Langstei-
ne/Großsteine / Monosteine, Dolmen und Grabsteine von Stonehen-
ge; von Weris bei Barveaux-sur-Ourthe (Belgien), Ferschweiler, Externsteine bei Horn (Eggegebirge), die "Rote Göttin" von Traben-
Trarbach und den Eselstratt von Trittenheim. Er ist Gastdozent und
Lehrbeauftragter an der FFA, Universität Trier.

Menhire & Dolmen von Weris & Oppagne & Fontanaccia.
In o.a. Buch von Andis Kaulin sind auch die Menhire und Dolmen
aus dem Hochland zwischen Ourthe und Aisne (fast alle auf einer
Geraden) zu sehen. Rita Albright, und ich waren im Jahre 2004 vor
Ort und sind begeistert.

Schauen Sie:
http://users.pandora.be/veerle.heyman/archeologie/weris/weris.htm
(Blättern Sie bis zur Karte und dann auf Dolmen & Menhire 1-4 und 6).

Die Dolmen von Weris-Oppagne und den Menhir "Danthine" finden Sie unter: http://www.hgstump.de

Das Dreieck von Weris ähnelt dem Dreieck von Fontanaccia (Korsika), nach dem Arzt und Landwirt Graf von Keyserlingh. So wie es den "Werdelstein" bei Dreis /Bergweiler? und den Wendelstein = Wildstein gibt, schreibt der Graf von einem "Drehfels".

Die Teufelssteine von Weris & Oppagne & Fontanaccia. So wie es den "le dolmen de Fontanaccia = Stazzona diavulu" (forge du diable) gibt, so gibt es in Weris den "Lit du diable". Hier ein Auszug aus "http://www.hgstump.de/werisfelsentext.htm": "Der Pierre Haina soll der Legende nach ein Loch verschließen, das bis zum Erdmittelpunkt führt. Manchmal soll auch der Teufel hier heraufsteigen, ...und sich dann auf dem "Lit du Diable", dem steinernen "Teufelsbett", ausruhen. Es besteht aus einem Felsblock, der auf zwei darunter liegenden Steinpfeilern aufliegt und an einer Seite eine starke Aufwölbung aufweist, das "Kopfkissen". Noch bis vor einigen Jahren wurde ... der Pierre Haina jedes Jahr zum Frühjahrsäquinoktium weiß gekälkt. Diese isoliert aufragende Felsnadel war den Megalithbauern des Neolithikums sicherlich bekannt und diente diesen möglicher Weise als geographischer Bezugspunkt für die Errichtung ihrer Bauten. In dem zu Oppagne gehörenden Weiler Pas-Bayard findet man direkt an der Straßenkreuzung vor einem Haus einen merkwürdigen, großen Stein mit einer breiten, tiefen und scharfkantigen Rille, die der Legende nach vom Huf eines Pferdes stammen soll, das von hier aus, mit vier Rittern auf dem Rücken mit nur einem Satz nach Durbuy gesprungen sein soll, ein Städtchen, das mehr als drei Kilometer entfernt ist.

Letztere Legende wird Frau Marlene Bollig (bezüglich des Eselstratt von Trittenheim) interessieren . **Warum gibt es so viele Teufelssteine?** Weil sich unsere unaufgeklärten Vorfahren noch kein Bewusstsein von Erosion durch Stürme, Frost und Niederschläge hatte. Daher so viele Teufels- oder Hexensteine, u.a. die Teufelstein von Arenrath, im Soonwald, Mettlach, Ayl und auch viele Findlinge in Norddeutschland oder Alpenvorland. Die Erkenntnis, dass die Eiszeiten diese transportiert haben, kam erst Anfang des 19. Jahrhunderts. Und so viele "Elfen- / Näpfchen- /Schalensteine?" gibt es, weil mal Elfen und Kobolde unter den Steinen vermutete (wobei man Lichtelfen und Dunkelelfen unterschied).

Der Roque Chinchado auf Teneriffa.
Natürlich gibt es viele Felsformationen, welche die Natur als Denk-mäler hinterlassen hat, so auf Teneriffa. Dank an Fritz Tewes aus Kleinen-berg für diesen Tipp. Den "Finger Gottes" findet ihr abgebildet unter: http://www.photohomepage.de/galerien_reisefotografie_teneriffa_roque_chinch ado.htm

Weitere Info's finden Sie...
im Ordner "Sehenswertes I"
unter:
www.wikiwetter.de

SEHENSWÜRDIGKEITEN II

1) **Drachenfels im Siebengebirge bei Bonn.** Teufels-, Drachen- und Hexenfelsen sind immer mit alten Sagen verknüpft, so auch der Drachenfels. Nachzulesen im Büchlein von Karsten Brandt (Chef von http://www.donnerwetter.de).

2) **Der "Erik-Stein von Haitabu"** (südl. Schleswig),aus http://www.archaeologisch.de Hinweis auf die Runensteine von Herrn Demmer (Traben-Trarbach).

3) **Schalen- = Näpfchensteine,** cupmarks stones & Keltenkreuz Schalenstein von Bunsoh, Schleswig-Holstein http://www.bunsoh.de/freizeitkultur/schalenstein.html Das keltische Kreuz: http://www.sungaya.de/schwarz/allmende/symbole/kreuz.htm Irisches = keltisches Kreuz = Sonnenrad. http://www.avalonbabsi.de/html/Patrick5.htm Schalenstein in Grenchen (Schweiz) und Erklärung der Schalen-/Näpfchensteine mit den Elfenmühlen (in Schweden) http://www.sagen.at/doku/tanja/schalenstein.html:

Einen Cupmarks-Stein zeigt http://www.ehabitat.demon.co.uk (Siehe auch Seite 29, Balnuaran of Clava von Andis Kaulins). Cupmarks in "Stars, Stones and Scholars", in Table of Contents: http://www.starsstonesscholars.com/tableofcontents.htm

Cupmarks auf dem Recumbent Sone von Sunhoney: http://www.stonepages.com/scotland/sunhoney.html

4) **Babylonische Schattenstäbe aus Stein.** Schon um etwa 1800 v. Chr. wurden auf öffentlichen Plätzen und vor Tempeln große Sonnensäulen (Obelisken) gesetzt, deren Schattenende auf farbigen Platten im Boden die Stunden anzeigten. Einige dieser Obelisken wurden von den Eroberern in ihre jeweiligen Hauptstädte gebracht, so nach Rom, Paris und London. Kaiser Augustus ließ einen solchen Gnomon (Schattenstab), der aus dem 6. Jahrhundert v. Chr. stammte und in Heliopolis unweit des heutigen Kairo stand, nach Rom bringen und im nördlichen Teil des "Campus Martius" aufstellen. Die Tageszeit konnte mit Hilfe von Stundenmarkierungen

abgelesen werden. Um die Jahreszeiten zu bestimmen, wurde ebenfalls die Länge des Schattens gemessen. Schon die Babylonier (~ 2000 v. Chr.) erkannten, dass die Sonne je nach Jahreszeit auf verschieden hohen Wegen über den Himmel zieht. Sie benannten diese Wege "Anu", "Enlil" und "Ea". Im Frühling und im Herbst bewegte sich die Sonne jeweils entlang dem "Anuweg" (also auf dem Himmelsäquator), im Sommer hingegen auf dem Enlilweg (oberhalb des Äquators), und im Winter auf dem Eaweg (unterhalb des Äquators).

Quelle: http://www.astromeyer.de/schattenstab.htm

5) **Mit dem VRT auf Tour** (Rad- und Wandertouren)
http://www.vrt-info.de lautet die empfehlenswerte Adresse, um Sehenswürdigkeiten mit dem Bus oder der Bahn zu besichtigen.

http://www.vrt-info.de/tourentipp-index.php(Wandertouren der Monate Juni 2003 ff)

http://www.vrt-info.de/tourentipp-maerz2004.php,Tourentipp von Traben-Trarbach über Starkenburg nach Enkirch und zurück.

Wanderbroschüre von Karl-Josef Prüm in Zusammenarbeit mit dem VRT, 10 Rad- und Wandertouren im Trierer Land mit Bus und Bahn. "Auf zur Mittelmosel-Schanzen-Tour", von BKS nach Traben-Trarbach.

6) **23 Kulturdenkmäler in Starkenburg und Umgebung:**
http://bwpc08.fhtrier.de:8080/kuDb/servlet/ortObj?aktSchluessel=5207
Web-Seite Starkenburg: http://www.starkenburg-mosel.de

Fotos, Gemälde, Dorfbrunnen, Panoramabilder:
http://www.starkenburg-mosel.com/galerien/index.php

Beispiel: Panorama-Wanderkarte:
http://www.starkenburg-mosel.com/pdf/wanderkarte.pdf

Panoramablicke gibt es vom "Mont Starkenburg" (in Anlehnung an den Mont Royal und den Mont National) in Richtung Haardt-Kopf. In der Ferne erkennt man links mit Fernglas den Hochkelberg (574 m), die Nürburg (678 m), die Hohe Acht (747 m, in 50 km Entfernung), den Ort Langscheid und den Hochsimmer (582 m). Eine Sichtmarkentafel gibt es ebenfalls am Starkenburger Pavillon. Panoramafahrten sind ab 2005 in Planung.

Die Grube Gondenau:
http://www.starkenburg-mosel.de/geschichten/gondenau.php
Jürgen Spier und der Autor des Buches über die Gondenau, Horst Faust: Beschreibung der Grube Gondenau:
http://www.mgas.de/fundstellen/hunsrueck/hunsrueck-gondenau.htm

7) **Keltisches Enkirch,** Kulturdenkmäler in Enkirch:
http://bwpc08.fhtrier.de:8080/kuDb/servlet/ortSehenswert?aktSchluessel=352 und 358
Hier finden Sie Hinweise auf Hinkelsteine, Keltengrab, keltische Viereckschanzen und demnächst auf vorchristliche Steinsetzungen. Über die Fundstellen im "Vorderen und Hinteren Seifen" hat Alfred Haffner 1979 (in der Trierer Zeitschrift für "Geschichte und Kunst des Trierer Landes", Herausgeber Rheinisches Landesmuseum) auf Seite 63 ff berichtet.
Winzer Frank Schütz hat um 1985 erste Hinweise darauf vom Heimatforscher Immich-Spier bekommen. Im Juni und Juli 2004 stießen HSN, Andis Kaulins und Kurt Spier dazu.

7a) **Die Enkircher Viereckschanzen.** Die keltischen Viereck-Heiligtümmer (nemeton) werden im Tschechischen šance (= Schanze), im Deutschen Viereckschanze genannt. Sie haben üblicherweise Eingänge im Südosten oder Südwesten. Achse und Eingang waren in Richtung auf den Sonnenauf- und Untergang angelegt. Ihre Plazierung könnte sogar aufgrund einer kalendarischen Ausrichtung erfolgt sein. Wenn die Sonne kommt oder geht, steht sie direkt über einem auffälligen Berg... -----
Quelle:
http://www.webprostor.cz/veda_a_vyzkum/ministr/minia.html
http://www.gernotgeise.de/html/archiv/schanzen/schanzen/schanzend
http://www.gernot-geise.de/html/archiv/schanzen/schanzen/schanzen1.htm

Auszug aus den Quellen:
Alle Orte mit Namen Holzhausen in Bayern und Ostwestfalen-Lippe, weisen fast alle eine oder mehrere Keltenschanzen auf. Der Name Holzhausen stammt danach von Hulhusen ab. Viereckschanzen werden irrtümlich auch als Römer-, Schweden- oder Teufelsschanzen bezeichnet.
Quelle : http://www.dillum.ch/html/keltenschanzen_schweiz.htm
Auszug:
1997 hat Peter Amann darauf hingewiesen, dass die Keltenschanzen sich verblüffend gut in ein Gitternetz von Orientierungslinien in der Landschaft einfügen und dieses Netz teilweise sogar bestimmen. Der Autor hat eine keltische Landvermessung herausgefunden. Es zeigte sich, dass die Landschaft von einem vielfältigen Netz von Orientie-

rungsachsen und Visurlinien überzogen war, das alle möglichen natürlichen Punkte wie Findlinge oder Bergspitzen, aber auch künstlich geschaffene Markpunkte wie Burgen und Tempel, als Fixpunkte hatte. Jeder Punkt war durch seine Position im System der Landvermessung bestimmt. Grundlage des Systems der keltischen Landvermessung war die Sonnenbeobachtung und die davon abgeleitete Achterteilung des Kreises. Daraus ergab sich nicht nur die Nord-Süd-, beziehungsweise Ost-West-Achse, sondern auch eine Sonnenwendachse mit einer Halbierenden und einer Drittelung.

Quelle:
Buch: "Das Kultplatzbuch" von Gisela Graichen im Weltbildverlag, 1988 bei Hoffmann und Campe, S. 85, 148 und 191 ff: Die "Keltenschanzen" (fälschlicherweise manchmal "Römerschanzen" genannt), waren Kultstätten, manchmal nach dem altgriechischen Temenos genannt, oft mit bis zu 35 langen Opferschächten, mit Kultpfahl in der Mitte des Schachtes am Boden. Ursprünglich war es ein Hain mit heiligem Baum. Diese nemeta hatten oft auch ein Kultgebäude, Vorläufer des späteren gallischen Umgangstempels aus Stein.

8)   Viereckschanzen bei Fürstenfeldbruck
http://home.arcor.de/tom-tom-tom/Webseiten/keltenschanze.htm

Quelle:
Die keltischen "Viereckschanzen südlich von München. In Holzhausen zwei, in Deisenhofen vier, in Endlhausen, Buchendorf und Utting am Ammersee. Dort hat man wie in Traben-Trarbach (die alljährliche "Mittelmosel-Schanzen-Tournee" – seit 2000 – die "4-Schanzen-Tour" im Jahre 2004 eingeführt.
http://www.lra-ffb.de/presse2004/press242.htm

Im Rahmen der Bodendenkmalpflege finden unter dem Motto „Vier-Schanzen-Tour" archäologische Wanderungen zu den keltischen Viereckschanzen bei Holzhausen und Steinlach statt".

Quelle:
Trierischer Volksfreund, 15./16. Sept. 1953.
Dank an Rolf Pomplun: Das Vorkommen gleichartiger Holzpfähle in den Schächten verschiedener Viereckschanzen .... spricht dafür, dass es sich um den Kult des "heiligen Phallus" gehandelt hat, ein Fruchtbarkeitskult. Aus derselben Zeit – 1200 bis1000 vor Christi – stammen auch die Goldenen Hüte von Schifferstadt, Ezelsdorf bei Nürnberg und Avanton (Frankreich).
Erst 1996 wurde in Berlin ein 4. Goldhut der späten Bronzezeit gefunden.
http://plato.alien.de/artikel-viereckschanzen.htm

Alfred Haffner hat die Gräberfelder und Viereckschanzen im Hunseifen bei Enkirch eingehend in der Trierer Zeitung 1979 beschrieben.
http://www.historisches-franken.de/index02/keltenjahr.htm.

9)   **Die Enkircher Steinreihen.**
Erstes Ergebniss der Steinsetzungsforscher. Es existieren bei
Enkirch Steinalleen (Alignements), ähnlich wie in Leistrup,
Korsika, in der Bretagne (Kermario und Le Menec (Carnac).
Vielleicht stehen diese Steinreihen im Zusammenhang mit den
benachbarten Viereckschanzen und keltischen Orien
tierungslinien der keltischen Landvermessung – wie in Bayern
und der Schweiz von Pfister gezeigt –.
http://surf.agri.ch/tschumi/stantari.htm
http://www.meinestadt.de/enkirch/bilder/pix/ --- 10

10) **Die Alignements (Steinreihen) und Opfersteine vom Leistruper Wald**   Steinkreise sind u.a. in England, in Mecklen-
burg und bei Wolken (der GOLORING) bekannt.
Steinreihen, oft mehrere und parallele beieinander, findet man
u.a. in Enkirch (Winzer Frank Schütz, HSN, Kurt Mohr und Andis Kaulins sind aktuell daran) und nahe dem Eggegebirge, bei den
Externsternsteinen.
www.geomantie.net/content/article/id__art_3a86135e7524f

Im "Leistruper Wald" bei Detmold befindet sich eine der merkwür-
digsten archäologischen Anlagen Deutschlands. Wie im bretonischen
Carnac laufen zwei Steinreihen parallel zueinander neben zwei hufei-
senförmigen Steinsetzungen, einem Steinkreis sowie zahlreichen
Hügelgräbern. Immer wieder kann man feststellen, dass Kirchen,
Menhire und Kultplätze auf geraden Linien liegen, die ungeachtet
der Topographie quer über Berg und Tal ziehen – den "Leys". Was
diese "Leys" bedeuten, darüber gehen die Ansichten auseinander:
„Leylines" seien ...astronomische Sichtlinien und „prähistorische
Observatorien". Viele scheinen sakraler Natur gewesen zu sein – häufig Bestandteil eines Totenkults – wie die "Leys" von Züschen oder
vom Glauberg".
http://heimatverein-wilberg.de/geschichte.htm:

Bei diesen Sichtlinien handelt es sich meist um imaginäre Linien auf
der Landkarte, manchmal wurden sie aber manifestiert, wie z.B. im
Leistruper Wald bei Detmold. Dort befinden sich auch zwei Steinreihen (Alignements), und Marksteingruppen. Gleich zwei der obligato-
rischen Opfersteine sind auch vorhanden. Dieses "Lei" (oder Ley) in
Leistrup ist wohl eher bekannt durch die scheinbaren Linien, die sich
in England durch gerade Straßenführung ergeben.

http://www.efodon.de/html/archiv/geschichte/geise/ex.htm
http://www.mystical-www.co.uk/leylines.htm
http://www.gernot-geise.de/html/archiv/geschichte/teufel/teufel1.htm

Weitere Opfersteine gibt es u.a. bei Melzingen an der B71, nahe Uelzen und Metzingen und bei Dannenberg.

11) Keltenforscher Walter Liederschmitt, alias Voltaire-Woltähr (Ehrengast am 9. April bei der 1. Menhir-Tour 2005). Er interessiert sich seit dem 04.09.2004, nachdem wir uns näher kennen gelernt haben, für die keltischen und vorkeltischen Kultplätze von Enkirch und Leistrup. Er und Forstingenieur Karl-Josef Prüm zeigten mir u.a. den **Haupttempelbezirk der Treverer, das Quellheiligtum in Trier-West** am Irminenweinberg unterhalb der Quelle vom Irrbach und auch die Kultstätte des Lenus-Mars. Der Ancamna und der Xulsigien – Quellnymphen des "Heidenborn". Diesen finden Sie natürlich auch im empfehlenswerten Kultplatzbuch von Gisela Graichen.
http://www.voltaire-woltaehr.de/vita_liederschmitt.html

Dank "Voltaire" gibt es nun folgende Tabelle mit Gemeinsamkeiten von den Quellheiligtümern Trier-West, Gerolstein und Elzerath.
http://www.voltaire-woltaehr.de/keltische_heimat.html

12) **Lochsteine und Durchschlüpfrituale.** Durch Voltaire (= Walter auf französisch) wurde ich auf das Steinkistengrab nördlich Ferschweiler, zwischen Peffingen und Schankweiler, aufmerksam. Dadurch kam ich auf folgende Adresse:
http://www.lochstein.de/lochstei.htm

Außer diesem "Seelenloch-Stein" gibt es viele andere Lochsteine (holed stones), u.a. den Teufelsfelsen von Abbach in Bayern und den Lochstein im Megalithgrab von Züschen. Bögeln nannte man früher den Brauch des Durchschlüpfens durch die engen Löcher, um Krankheit und Böses hinter sich zu lassen.

Lochsteine wurden früher auch gesammelt, um Hexen, Dru-

den, Elfen, usw. abzuhalten. Daher auch der Name Druden- oder Doggistein. Letztere in Vorarlberg so bekannt.
http://inatura.at/wissen/gem_9399.shtm
Natürlich ist das Ferschweiler Plateau auch sehenswert wegen des Fraubillenkreuzes, des Druidensteins, des Diana-Denkmals und der Teufelsschlucht und der Irreler Wasserfälle.

13) **Steinkreuze und Kreuzsteine.** Das Frabillenkreuz ist eines von unzähligen christianisierten Steinen, wozu eine große Anzahl an Literatur existiert.
http://www.compuwolf.de/kreuzsteine.htm
http://www.adelsdorf.de/freizeit_tourismus/sehenswuerdigkeiten
http://www.urgeschichte.de/neue_lit/neue_lit4.htm

14) **Wollsackverwitterung.** Warum gibt es quadratische und gerundete Steine? Die Antwort finden Sie unter:
http://www.harzlife.de/index.html?info/wollsackverwitterung.html

15) **Enkircher "Rotte 10+11"**
Den Begriff Rotte kennen wir bei Wildschweinen, die sich in Trupps, genannt Rotten, zusammenschließen. Diese menschlichen Rotten entstanden vor dem 2. Weltkrieg, als der Zusammenhalt in einem Dorf noch groß geschrieben wurde. Damals wurde jeder Straßenzug in sog. Arbeitsrotten eingeteilt. Instandhaltung von Feldwegen, Bewachung von Kartoffelfeldern usw. war deren Aufgaben.

Nach diesem Vorbild entstand 1979 die "Rotte 10 und 11" des Oberdorfes Enkirch. Anlass war das Entfernen einer hässlichen Plakatwand am alten Spritzenhaus durch Manfred Kettermann und Bernd Pfaul, mit Genehmigung des damaligen Ortsbürgermeisters Ulrich Schütz. In Gemeinschaftsarbeit wurde das ganze Spritzenhaus damals verschönert. Mit diesem Enthusiasmus kamen ein Nachbarschaftsfest und weitere Projekte zustande. Ein ehemaliger Nachbar erwarb ein Emaileschild mit der Aufschrift Rottenführer. Die Zahlen "10 und 11", sind die Zahlen, unter denen die Rotten des Oberdorfes damals und nun wieder geführt wurden.

Im Jahre 2000 kam die Oberdorfgemeinschaft auf die Idee, einen Aussichtspunkt für Wanderer auf der Moselhöhe Kirst zu errichten. Es wurden Steine und Schieferplatten angekarrt. Ein Geländer und Fahnenmast folgten. 2004 kam dann die Errichtung eines Wanderer-Informationspunktes an der Außenmauer des Friedhofs hinzu. In einem großen Panoramabild von Fotograf "Gerd Becker" wurden die Wanderwege nach Starkenburg eingezeichnet.

Quelle: Bernd Pfaul, Rottenführer "Rotte 10 und 11"

16)   Kleinich

http://www.meinestadt.de/kleinich/bilder/pix/?id=33454
http://www.kleinich.de/freizeit/wandern.php
http://bwpc08.fhtrier.de:
(ca. 25 Kulturdenkmäler im Kirchspiel Kleinich, von Prof. Rieder, FH-Trier eingestellt).
Ortsliste: http://bwpc08.fh-trier.de:8080/kuDb/servlet/ortsListe
und in http://www.meinestadt.de/Ort und www.Ort.de, z.B.
http://www.traben-trarbach.de

16a)   Unsere Partnerstadt Wangen bei Olten /CH

Auch unsere Partnerstadt ist sehr sehenswert. Klicken Sie mich! www.wangenbo.ch

16b)   Partnerstadt Selles-sur-Cher

http://www.mairie-selles-sur-cher.fr/jumelage.htm
http://www.vfltt.de/sellessurcher.html

16c)   Bergwerksgruben im Revier Kautenbach-Kirschwald

Zufinden im Heft 5/2003
der "Montanhistorischen Gesellschaft"
http://www.montangeschichte.de/sub/hefte-01.html
und demnächst auch unter den "Kulturgüter der Region" von Peter Valerius und Prof. Helge Rieder.

17)   Nostalgie-Kick in Traben mit Winzer Bernd Hermes.

Ehemalige Fußballspieler (Altstars) waren zu Gast bei Bernd und Christiane Hermes, Winzer aus Kröv. Dabei waren u.a.: Bernd Stange, Harald Irmscher, Uli Göhr, Dr. Hänel – alles Spieler der ehemaligen DDR-Auswahl bzw. Oberliga –. Am 13. Juni kickten diese Spieler auf dem Sportplatz in

Traben gegen die Altherren von Kröv (u.a. mit Axel Schnitzius, Urgestein Dieter Kaiser *, Günther Klein, Andreas Firus ...). Als ich vorbeikam und mir das Spiel anschauen wollte, fragte ich, ob man vollständig sei. "Nein", hieß es, "der elfte Mann fehlt". So kam es dazu, dass ich bei den Carl-Zeiss-Jena-Spielern mit spielen konnte.

Das Foto dazu: bei www.litzigerlay.de, Stichwort "Neues von Hubbi", rechts oben "Carl-Zeiss-Jena".

* Dieter Kaiser war ca. 5 Jahre lang Landesligaspieler des FC Traben-Trarbach, hatte 1976 sogar einen Vertrag beim FC Bayern München und spielt (im Jahr 2004) noch in der AH des TUS Kröv.

18) **Hungersteine,**
Chefkoch Otto Schmidt bietet Sehenswertes:
http://www.litzigerlay.de/geschichte/geschich/lay/die_hunger_steine.

Die Loreley: "Die Rheinenge ist hier nur 113 m breit und 25 m tief und die "Hungersteine" oder "Sieben Jungfrauen", die unmittelbar unter der Wasseroberfläche liegen, haben schon so manchem Schiffer das Leben gekostet. Berühmt wurde der Felsen durch die Sage von der schönen Loreley, die die Schiffer mit ihrem Gesang betörte, so dass sie die "Hungersteine" übersahen. Der Name "Loreley" setzt sich aus Lure (Fee) und Fels (Ley) zusammen.

http://www.litzigerlay.de/hsj/kachel_mann.htm (Jörg Kachelmann und HSN). Weitere Themen (u.a.) beim Otto unter "Neues vom Hubbi": Nordic Walking.

19) **Belginum, Sironaweg und Ausoniusweg.** Durch den Archäologiepark Belginum mit dem Sironaweg im Landkreis Birkenfeld wurden zwei Attraktionen geschaffen, die das Kulturerbe der keltisch-römischen Epoche an Ort und Stelle verdeutlichen.

Die parallel zum Idarwald-Nordhang verlaufende Aussoniustraße und der Sironaweg auf den südwärtigen Ausläufern deuten auf eine regionale Besonderheit. So auf den Koppelbach bei Hochscheid: Er entspringt im keltisch-römischen Apollo-Sirona-Heiligtum, wendet sich zunächst nach Norden und strömt dann in Richtung Krummenau. Keine 1,5 Kilometer von dieser Quelle entfernt, tritt hingegen auf dem Südhang der Kappelbach zu Tage. Er fließt zu den Hottenbacher Mühlen und durchs Wiesental unterhalb Stipshausen auf Rhaunen zu, wo er sich mit dem Koppelbach vereinigt. Die zwillingshaften Namen von Koppel- und Kappelbach bezeichnen den religiösen Ursprung beider Stätten. Dass beide Quellen von ganz erheblicher Kultbedeutung waren, beweisen die Steinskulpturen Sironas, Apollos, Fortunas und Jupiters, die dort am Idarkopf gefunden wurden. Der prähistorische "Schimmerstein" oberhalb Hellertshausen, die "Zwei Steine" zwischen Bruchweiler und Bischofsdhron, der Wildenburger "Hexentanzplatz" und der "Königstein" von Rhaunen gelten als magische Orte einer Vorzeit-Religion (Uwe Anhäuser in einem Artikel im Trierischen Volksfreund).

Übrigens wird es "bald" den BELGINUMWEG von Traben-Trarbach zum BELGINUM hoch und zurück geben. Er entsteht auf Vorschlag von Wanderführer Günter Oberle (2004 war er 25 Jahre lang in Sachen Wandern tätig!) und Hubertus Schulze-Neuhoff. Kräftig unterstützt wurden beide u.a. durch Herrn Ralf Becker und Wanderführer Berthold Staudt aus Morbach.

Außer dem AUSONIUS-Weg gab es noch einen uralten Weg über den Hunsrück: "Die Valdentia". Ein Weg von der Rhone durchs Lautertal, an Bundenbach und Rhaunen vorbei ins Ahringsbachtal und nach Enkirch. Quelle: Uwe Anhäuser.

20) **"Naturdenkmäler im Trierer Land"**
http://triastour.de
2003 von Forst-Ingenieur Karl-Josef Prüm, Heilpraktikerin Juliane Neu, Diplom-Geografin Doro Münch und Diplom-Pädagogin Gisela Peters ins Leben gerufen. Bäume, Naturdenkmäler, Pilze, Geologie und vieles mehr stehen auf dem Programm dieser vier Naturfreunde.

21) **Naturgarten GAIA**
Monika und Walter Frank praktizieren Permakultur auf der Graacher Schäferei (auf dem Weg zur Graacher Schanze). Mehr erfahren Sie über ihr BIO-Haus und -garten auf ihrer

Homepage:
http://naturgarten-gaia.de.
Walter Frank sen. wohnt im Zehnthaus, darin befindet sich ein
Weinmuseum. Sehenswert sind auch seine Rosen.
http://www.graach.de/Frank/frmuseum.htm
(Interessant: sein Bildnis mit Weinstein als "Farbe")

22)   **http://www.litzigerlay.de/kultur/index.htm**
Hier finden Sie Heidi Bogner, Dr. Karl Scherer, Günter
Oberle, JSN, Karl-Peter Reinhard, Günter Henkel und das
Ikonenzentum.
Ein Dankeschön an Chefkoch Otto Schmidt. Tippen Sie dazu
auf die 22a-Zeile und dann Auf "Zum Inhaltsverzeichnis von
Kunst und Kultur" oben links.

22a) **Jörg Schulze-Neuhoffs Gedichte**
Mein Sohn Jörg hat inzwischen mehrere Gedichte in
Anthologien veröffentlicht.
a) im März 2004 http://www.leserkreis.de
Aktuelle Texte von Jörg Schulze-Neuhoff, Thema: "Wagenlenker".

Schon bald naht der Morgen und die Nacht geht vorbei.
Im Dunklen verborgen brach der Glauben entzwei.
Die Trauer verwunden doch der Schmerz sich noch regt,
noch heimlich verbunden wer im Kreis sich bewegt.
Sich selbst nicht betrachtend zieht das Leben dahin.
Nur sitzend und wartend ist des Todes Gewinn.
So auf zu den Taten wenn der Himmel dich drängt,
gut ist der beraten der den Wagen selbst lenkt.

Weitere Texte in:
http://www.litzigerlay.de/kultur/hjsn/gedicht.htm
Die Gedichte erschienen beim Verlag R.G.Fischer in Frankfurt am Main im
Jahre 2000, 2001 und 2002.
In 2003 erschien der Wagenlenker in "FRANKFURTER BIBLIOTHEK"
(BRENTANO-Gesellschaft, Jahrbuch für das neue Gedicht)und in
Ausgewählte Werke VI der "Nationalbibliothek des deutschsprachigen
Gedichtes"

23)   Die Reise, ein Fernsehfilm, gedreht u.a. in Traben-Trarbach
http:/www.litzigerlay.de/report/report_agen/reise/reise.htm

24)   Pfingstkronen
Eine einzigartige Seltenheit in Deutschland: Pfingstkronen im
Kirchspiel Kleinich, siehe "Heimatkunde"
http://www.mosel-wetter.de/Heimatkunde/Index.htm

25)   HSN-Veröffentlichungen und Ereignisse
–   1972 Peter SN= HSN Goldmann Verlag "Und die
Meteorologen haben doch recht. "
http://www.amazon.com

–   10.11.1977 HSN & Jochen Heß im WDR III TV-Sendung
"Neues Wissen". Thema: Wetterüberwachungskarte

–   3.Aufl. Tiemann, HSN, Schöningh PB 32
Aktuelle Aufgaben und Probleme der Meteorologie
Fragenkreis 23110,

–   1985 HSN, Hagenberg "Wetterkunde, die einschlug wie ein
Blitz"

–   08.04.1987
SWR 3 -TV "Blick ins Land" Bericht vom Wettermeldetag

–   1993 HSN, Wissenschaftlicher Verlag Trier 170
"7-Tage-Phänomene auf Sonne und Erde"
Im MoselantiquariatTraben-Trarbach erhältlich.
www.stores.ebay.de

–   2000 HSN, Selbstverlag
"Wander- und Radlerbroschüre"
(Sehenswürdigkeiten entlang der Mittelmosel-Schanzen)

–   07.01.2003
SWR 3- TV "Rat & Tat" Vorstellung der Schanzentour
AlleVeröffentlichungen auf einer CD:
http://homepages.compuserve.de/HubertusSN/cdrom.htm
http://mosel-wetter.de

26) HSN-Tief
http://www.met.fuberlin.de/wetterpate/Lebensgeschichten/Tief_HUBE
RTUS_20_03_03.htm

27) Der Roscheiderhof in Trier-Konz
http://www.roscheiderhof.de

28) Luggi und Renate Leitner, Kleinwalsertal
Hier lässt es sich gut Urlaub machen:
http://www.luggi-leitner.de/index1.htm

29) Gottesacker, Bischofshut und -mützen
Herrgott-Felsen. Den Gottesacker finden wir im
Kleinwalsertal, den Bischofshut in den Südvogesen nahe dem
Hartmannsweilerkopf
http://home.t-online.de/home/alexanderkallis/hwk.htm
Die Bischofsmütze Nr. 1 ist ein Fels im Kautenbachtal, nahe
Traben-Trarbach. *Die große und kleine Bischofsmütze* im
Dachsteingebirge (südöstlich Salzburg) sehen Sie bei:
http://fam.goldbrunner.bei.t-online.de

Kleiner Herrgott im Eggegebirge bei Willebadessen,
Großer Herrgott in Rapperath bei Morbach.

30) Fotos Traben-Trarbach
Von Klaus Kimmling
http://www.kikmoments.de/ni/kat.phtml?suchbegriff=Traben-Trarbach

31) Kulturdenkmäler in/um Traben-Trarbach
www.meinestadt.de/traben-trarbach/bilder/pix/
Über 100 Kulturdenkmäler im Raum Traben-Trarbach.
Einen großen Dank an Prof. Dr. Rieder aus Konz und Peter Valerius aus
Kordel.
http://bwpc08.fhtrier.de:8080/kuDb/servlet/ortSehenswert?aktSchluessel=4431 |
Wenn Sie auf "Hödeshofschanzen" klicken, bekommen Sie ein 31-minütiges Video
von der 4. Mittelmosel-Schanzen-Tour zu sehen oder direkt hier:
http://bwpc08.fh-trier.de:8081/kulturdbMS/Traben-Trarbach-schanzentour.wmv

Über den Bergbau im Hunsrück und die Gruben Gondenau und
Annenberg erfahren Sie Wissenswertes von der Minerlogischgeolo-
gischen Gesellschaft aus dem Saarland (mgas) in:
http://www.mgas.de/fundstellen/index.htm (Tipp Valerius)

Wollen Sie intensiv in die Geschichte Traben-Trarbachs einsteigen (über die Stadt, Grevenburg, Mont Royal, Brückenschenke, ..mehr wissen), dann empfehle ich Euch/Ihnen die Seiten von Otto Schmidt, dem Chefkoch der Litziger Lay und Heimatforscher: http://www.litzigerlay.de/geschichte/index.html

32) **Vor 100 Jahren starb Antonin Dvorak**
Seine Urenkelin Anna Dvorak, eine bekannte Sopranistin, gründete in Traben-Trarbach im Jahre 1987 die Internationale Antonin Dvorak Gesellschaft.

Ereignisse im Jahr 2004:

– 100 Jahre Doppelstadt Traben-Trarbach,
– 100 Jahre Todestag des Opern-Komponisten Antonin Dvorak
– 200 Jahre Kellerei Kayser

33) **360 Grad-Panoramabild vom Calmund.**
Wer in "Harrys" Restaurant in Trarbach belgische Spezialitäten isst, sieht an der Wand 3 Bilder von 130 mal 30 cm. Eins davon zeigt den Calmund zwischen Bremm und Ediger-Eller. So ein Bild wird es auch irgendwann von unserer Moselschleife hier geben. Edwin Schug aus dem Raum Eltville ist bereit, eine Ausstellung hier in Traben-Trarbach mit ca. 20 seiner faszinierenden Bilder zu bestücken.
Hier ein Pressebericht seiner Ausstellung in Eltville:

Der Magistrat der Stadt Eltville am Rhein lädt zur Ausstellung von 360 Grad-Panorama-Bildern in die Galerie im Turm der Kurfürstlichen Burg ein. Die Ausstellung dauert bis in das neue Jahr hinein an.
Diplom-Ingenieur Edwin Schug möchte mit seinen Aufnahmen neue Raumerlebnisse von bekannten Orten vermitteln und nennt seine Schau deshalb "Erweiterte Sichtweisen - Bekannte Orte in neuer Perspektive".
Vielleicht findet diese Ausstellung demnächst auch in Traben-Trarbach statt.

34) **Lesenswerte Nachrichten aus Traben-Trarbach, ab 2004**
März 2004: Karl-Peter Reinhard aus Traben-Trarbach brachte

sein neues Buch "Don Tschuan Erotische Fantasien" heraus. Weitere Traben-Trarbacher Künstler:
http://www.litzigerlay.de, Kunst & Kultur.

Juli 2004:
Oliver Lukas wird Weltmeister im Motorbootrennen.
http://www.Team-Lucas.de; und der CVJM hat neue Homepage:
http://www.cvjm-mosel.de

35) Die 100jährigen Ivenacker Eichen
http://www.stavenhagen.de/ivenack.htm

36) Beethovens Vor- und Nachfahren aus Traben-Trarbach.
Der Schiffer "Hans Peter Schiffer" und seine Frau "Eva Jonas" sind die 3. Urgroßeltern (UGR) von Ludwig van Beethoven. Die nachfolgende Ahnenliste (Auszug) zeigt, dass Elise Lukas und Simon Hummel*, die in der Römerstrasse 11 bis 1966 wohnten, auch mit dem großen Komponisten verwandt waren. Der Schwiegersohn F.J.A. Schwarz stellte die Liste zusammen und übergab sie mir persönlich (Vorarbeit: Prof. Dr. Joseph Schmidt-Görz).
(* Anmerkung: S. Hummel war viele Jahre Küster der kath. Peter- und Paul Kirche)

Elise Lucas wird 1886 geboren, heiratet 1910 den schwäbischen Schneidermeister Simon Hummel. Wird selbst auch Schneidermeisterin "die erste im Rheinland". Herr Hummel stirbt am 25.4. 66 in Traben, sie im Altenheim in Kröv am 29.7.1966. Die Tochter Katharina wird 1911 geboren und heiratet am 5.5.1936 in Trier den F.J.A. Schwarz. Der mir zum Freund gewordene 95 jährige ist im Sommer 2004 leider verstorben.
5 Kinder sind aus dieser Verbindung hervorgegangen.
http://www.litzigerlay.de/geschichte/beethoven/vorfahren

37) Günter Hauensteins Homepage
http://guenter-hauenstein.de
So lautet die Homepage über Geschichte und Baudenkmäler und Jugendstil (Schwerpunkt Mosel/Hunsrück und Eifel) meines Kollegen.

Traben wird 830; Trarbach 1143 erstmals erwähnt.

1233; Trarbach ist Hauptort der "Hinteren Grafschaft Sponheim".

1437; Sitz eines Oberamtmanns von Pfalz-Simmern bzw. Pfalz-Zweibrücken ist Trarbach

1254; Stadtrecht. Im 14 Jahrhundert befestigt,

38)   Noch ein Kollege, Bernd Ludwig aus Ürzig

Moselschleife bei Ürzig

39)   Bergbau an der Mittelmosel
www.litzigerlay.de/hsj/berg/bergbau

**Weitere Infos zu allen Themen finden Sie
im Ordner "Sehenswertes II"
unter:
www.wikiwetter.de**

Sehenswürdigkeiten III

Themen:

1) Die Longkamper Schanzen-Tour
2) Oliver und Desiree Schell, Klaus Dieterich
3) Archäologische Erlebnistouren (ARRATA)
4) Keltische Rennöfen, Rennfeuer und Ofensau ("Luppe")
5) "Geotouristischer Führer durch Rheinland-Pfalz"
6) Die Vier-Sterne-Landschaft der Mittelmosel
7) Stadtförderer Otto Schmidt und Thomas Marx
8) Jörg, mein Sohn, mit Uni-Theathergruppe in Vlotho

9) **WEINLAGEN**

1)
Die Longkamper Schanzen-Tour
Seit dem Jahr 2000 sind die 4 Hödeshof-Schanzen bei Trarbach und die 4 Graacher- und Wolfer Schanzen aus ihrem "Dornröschen-schlaf" erweckt worden und sind durch inzwischen 6 "Mittelmosel-Schanzen-Touren" der Öffentlichkeit bekannt.
(Siehe dazu Ordner "Wandern).

Am 05.11.2004 hat HSN die 1. Longkamper Schanze und am 26.12. 2004 die 2. Lonkamper Schanze wiederentdeckt. Sie finden die 1. Schanze indem Sie auf dem Wanderweg L1 bis zum Waldrand fahren, dann 400 m auf der Teerstraße weitergehen. Den hölzernen Hinweisschildern "Longkamp", "Kautenbach" usw. folgen Sie links dem Schild "Bernkastel-Kues". Nach ca. 80 m sind die vom Laub befreiten Schanzen zu sehen.

Hinweisschilder weisen dank Kurt Kolz auf das 210 Jahre alte Kulturdenkmal hin. Ich fand sie mit Hilfe der aus dem Mittelmosel-Museum
stammenden Ausschnittskarte des Jahres 1795. Schanze II fand ich
auf dem Weg zur Felsenkanzel "Bresgens Ruh".
Auch in Monzelfeld wurde 1795 an drei Plätzen geschanzt, als
Napoleon noch das Sagen hatte: An der "Windschnur" (heutiger
Platz der Maria Hilf-Kapelle von 1855, und auf "Schmittens Rech".

In Planung ist:
Die 8. Mittelmosel-Schanzen-Tour von Longkamp in Richtung Graa-
cher Schäferei. Zu der Geschichte der Schanzen und der bisherigen 7
Schanzen-Touren, siehe Ordner "Wandern".

2)
Oliver und Desiree Schell, Klaus Dieterich.
Im Jahre 1985 wurde von Bernkasteler Filmemachern ein hervor
ragender Film gedreht, den es demnächst auch auf DVD gibt.
http://mmfilm.ath.cx/Aboutus4.htm (rechts außen: der Schauspieler Klaus Dieterich als Polizist, Klaus ist der Bruder von Rita, meiner (HSN) Lebensgefährtin.

3)
Archäologische Erlebnistouren (ARRATA)
Archäologische Erlebnistouren an Mittelrhein, Mosel und Hunsrück
findet Sie unter: www.arrata.de

4)
Keltische Rennöfen, Rennfeuer und Ofensau ("Luppe").
Uwe Anhäuser aus Bundenbach erzählte mir von dem Fund einer
Ofensau ("Luppe")im Hunsrück. Davon habe ich bis 17.11.04 nichts
gewußt. Dank Internet ist man aber schnell fündig:
http://members.aon.at/dbundsch/latene.htm
http://www.rennofen.b22.de
http://www.hochwaldkelten.de

5)
"Geotouristischer Führer durch Rheinland-Pfalz"
Durch Frau Claudia Kettern von der Touristinfo Graach wurde ich
auf o.a. geplanten Führer aufmerksam und habe Anfang Januar 2005
die geologischen Sehenswürdigkeiten rund um Traben-Trarbach an

die Mittelmoseltouristik weitergegeben. Was haben wir da nicht alles zu bieten !!!

6)
Die Vier-Sterne-Landschaft der Mittelmosel

Die Vier-Sterne-Landschaft der Mittelmosel (Originalton G. Oberle), hat viel Kulturhistorisches und unberührte Natur zu bieten. Alte Burgruinen und Festungen (Veldenzer Schloss, die Burgruinen Landshut, Grevenburg, Starkenburg, den Mont Royal. Ringwallanlagen und Kultstätten (Gottwertshöhe, Wildstein und Pferdskopf, Kautenbach); Felsenkanzeln und -kuppeln (Bischofsmütze, Jungfrau und Mönch, Bildstein). Römsiche Villen und Kelteranlagen in Erden, Wolf und Kindel-Kinheim (SUCELLUS). Viele Jugendstilbauten des Architekten Bruno Möhring. Kunstwerke der Bildhauerfamilie Wendhut von Bernkastel bis Traben-Trarbach. 49 alte Schanzen aus der Zeit um 1795 (Hödeshof, Graach, Longkamp und Monzelfeld). Panoramablicke: Bismarckhöhe, Wilhelmshöhe, Maria Zill, Bresgens Ruh, Goldenes Kreuz). Alte und seltene Bäume (Mammutbäume, Douglasien, nordam. Tulpenbaum, Maulbeerbäume). Steillagen-Weinberge. 7 Moselschleifen von Schweich bis Bremm. Viele historische Mühlen in den Seitentälern der Mosel auf der Hunsrückseite. Historische Erz-, Schiefer- und Kupfergruben von Altlay bis Minheim.

7)
Stadtförderer Otto Schmidt und Thomas Marx.
Es gibt noch mehr Förderer der Stadt Traben-Trarbach:
Otto Schmidt's Homepage zeugt von seiner Liebe zu unserer Heimatstadt,
www.litzigerlay.de

Und immer stärker leistet Thomas Marx Positives für unsere Stadt.
www.blickfang-werbung.de.
Ich denke da nur an die preiswerten BELGINUM-Schilder, die bald den Weg von Traben-Trarbach zum Belginum bei Wederath schmücken werden.

8)
Jörg, mein Sohn, mit Uni-Theathergruppe in Vlotho
http://chari.ch.funpic.de

WEINLAGEN

Die Mittelmosel-Weinlagen von Ürzig bis Enkirch
Im Jahre 2002, hat auf meine Anregung hin Herr Christopher Arnoldi aus Veldenz Panoramabilder von Traben und Trarbach erstellt.
In diesen Panoramabildern sind nach Gesprächen mit Gerd Hausmann und Peter Storck) auch die Weinlagen Traben-Trarbachs verewigt. Im Jahre 2004 war Traben-Trarbach 100 Jahre Doppelstadt.
Ein entsprechender Hinweis findet sich noch in der Weinlage Taubenhaus. Da kam mir die Idee, an der Stelle nun ab 2005 für die Weinlage zu werben.

Vorgesehen sind: Genehmigungen für mindestens zwei Weinlagen-Werbetafeln auf Trabener und Trarbacher Seite zu erwirken.

KÖNIGSBERG

SCHLOSSBERG
(AUF KÄSTEL)

Gerd Haussmann und Günter Franz erzählten mir, dass damals auch Weinbergsschilder in den Weinbergen aufgestellt waren. Diese wurden leider zu rasch gestohlen. Das Buch gibt auch einen Überblick über die Weinlagen.

Das Steillagen-Buch von Heike Ludwig

Heike Ludwig, Dezember 2004, Thörnich, unter Anleitung Prof. Dr. Ralph Jätzold. **"Wandern in den Super-Steillagen der Mittelmosel"** Herausgeber: Weinbruderschaft Mosel-Saar-Ruwer.

Der östliche Ürziger Würzgarten, 56 ha

Ürziger Goldwingert, 0.27 ha (am östlichen Rand des Würzgartens)

Erdener Treppchen, 45 ha

Wolfer Goldgrub, 14.4 ha
Winzer Horst Boor und Friedhelm Göhl

Trarbacher Schlossberg, 31,6 ha
Weingut Friedrich Storck (Peter Storck)
Weingut Dr. Melsheimer (Ulrike Böcking-Kampf)
Weingut Lous Klein

Trabener Gaispfad, 6,5 ha
Winzer Weinhaus "Schöne Aussicht"
Weingut Peter Storck

Trabener Zollturm, 4.5 ha
Eine Steillage mit 100% Anstieg. Mehr über die Geschichte des unvollendeten Zollturms, es sollte mal eine Zollburg werden, lesen Sie in: www.litzigerlay.de (Geschichte von Traben-Trarbach). Die Zollburg und der Weinberg sind heute im Besitz von Winzer Siegfried Schorn aus Burg / Mosel und u.a. drei Mitbesitzer aus Mittelfranken, Peter Bauer aus Rothaurach und Alfred Seybold sowie Dieter Knichalla (beide aus Haag in Mittelfranken).

Enkircher Ellergrub, 16 ha

Enkircher Zeppwingert ,16 ha

Enkircher Batterieberg ,1ha

Trabener-Königsberg
Trabener Kräuterhaus, (westlich der Weinlage Königsberg)
Trabener Würzgarten
Trarbacher Burgberg
Trarbacher Taubenhaus
Trarbacher Ungsberg
Trarbacher Hühnerberg
Weinlage Kreuzberg

Die Einzelheiten wie Lagebeschreibung, Fotos und die Namen der bearbeitenden Winzer und Gastronomen werden hier später noch aufgelistet werden.

Alle Weinlagen im Stadtteil Wolf:
Goldgrube, Schatzgarten, Sonnelay, Klosterberg

Die Traben-Trarbacher und Wolfer Winzer

11 Vollerwerbswinzer in Wolf:
Boor, Horst; Camphausen-Ludloff, Berthold; Heller, Hilmar; Kirchengut/Markus Boor; Roth, Hermann; Schmidt, Gerd E.; Schmidt, Hans-Joachim; Schub, Helmut; Thielen, Rainer; Vollenweider, Daniel; Wolfshof/Norbert Emmerich.

15 Nebenerwerbswinzer:
Bartz, Horst; Emmmerich, Jürgen; Emmerich, Werner; Erbes, Günter; Erbes, Gerd; Gass, Werner; Göhl, Friedhelm; Ilges, Heinz; Kammrath, Lothar; Lorenz, Kurt; Meyer, Roland; Michels, Manfred; Michels, Norbert; Schuch, Rolf und Weißkopf-Comes, Werner.

Hier finden Sie die Winzer mit Adressen:
"map24" http://www.wein-vom-winzer.org/wvw/mosel-saar-ruwer/traben-trarbach/.
Einfach den Winzer anklicken und auf Routenplaner gehen.

Die 7 Moselschleifen der Mittelmosel

Die Mosel wies zur Hauptterrassenzeit (nach Krämer, 1954 in o.a. Buch auf Seite 5) sieben Moselschleifen auf. Die nach Süden weisenden sind: die bei Pölich, Trittenheim, Minheim, Veldenz (heute nicht mehr vorhanden, stattdessen die Umlaufberge), Bernkastel-Kues, Traben-Trarbach und Zell-Kaimt.

Vorwort vom Bruderschaftsmeister Dr. Dieter Schnitzius

Die Weinbruderschaft Mosel-Saar-Ruwer begrüßt sehr die verdienstvolle Arbeit von Hubertus Schulze-Neuhoff. Sein Buch "Von Stein zu Stein, von Schanze zu Schanze, von Weinlage zu Weinlage" ist eine wertvolle Ergänzung der von der Weinbruderschaft herausgegebenen Veröffentlichung von Meike Ludwig "Wandern in den Super-Steillagen der Mittelmosel". Die Weinberge bzw. Weinlagen von Enkirch bis Traben-Trarbach/Wolf gehören mit Sicherheit dazu, werden sie auch in der bekannten Klassifizierung von Steuerrat Krotten im 19. Jahrhundert hoch bewertet. Die hier wachsenden Weine sind von hervorragender Qualität. Es lohnt sich mit Sicherheit, nicht nur diese Weine zu verkosten und zu genießen, sondern auch in den Weinlagen zu wandern, in denen solche Qualitäten wachsen. Viel Freude beim Lesen, beim Wandern und beim Genießen.

Wandern

www.wikiwetter.de

Informatives:

Die Geschichte von Traben-Trarbach 1125-2004

Die neue Promenade von Trarbach zum Bootshaus

Mapper Schanze und Rheingau-Gebück

Wandergruppe "PER PEDES", Trier

Der Felsenmönch von Kautenbach

1)   Wanderweg Graach - Schützenhaus - Graacher Schanzen
Seit Juni 2004 weist ein Wanderweg mit 11 Schildern von Graach zu
dem Schanzenwall und -grabensystem von ca. 1794. Dank dafür an
Ortsbürgermeister Werner Geller, Herrn Flesch und Ortsgemeinde-
rat Graach.

2)   "Wolfer Schanzen-Tour" am 28. August 2004, ab Wolf.
Dank der Aktivitäten des Wolfer Bürgervereins, Abteilung
Wanderwege, kam es am 28.08. zur 1. Themenwanderung, (ich
bezeichne sie als 6. Mittelmosel-Schanzen-Tour). Dank u.a. an
Edgar Langen, Connie und "Hatti" Glitzenhirn,Reinhold Höff-
ken, Horst Boor, Kerstin Emmerich, Jürgen Hey und Trieri-
scher Volksfreund-Reporterin Ursula Schmieder.
Hier ihr Bericht vom 1.9. (Auszug):

Wandertour ins 18. Jahrhundert, TRABEN-TRARBACH/WOLF.
Wander- und Geschichtsfreunde starteten am Wochenende bei strö-
mendem Regen zur Schanzen-Tour zum "Mont National". Eine Zeit-
reise, auf der sie preußischen und französischen Militärs begegneten.
Nicht ganz zeitgemäß, dafür aber wetterfest gekleidet, trafen die
Schanzen-Wanderer auf ihrer Reise ins Jahr 1794 mit "Generalfeld-
marschall von Möllendorff" (Bürgervereinsvorsitzende Edgar Langen) und dessen Hauptmann von Harroy (Stadtgardist Sven Clauss)
zusammen.
Dank des Bürgervereins Wolf war die Wanderung "Auf den Spuren
der Preußen und Franzosen zum "Mont National" alles andere als
eine trockene Lehrstunde. Die Unerschütterlichen, die sich bei Gieß-
kannen-Regen auf den Weg zu Wolfer und Graacher Schanzen
gemacht hatten, wurden vielmehr mit Humor an die Thematik heran
geführt. Alles nahm seinen Anfang mit dem preußischen General-

feldmarschall von Möllendorff, der am 13. März 1794 den Befehl zum Bau der Schanzen gegeben hatte. Eine Arbeit, mit der er Hauptmann von Harroy (Stadtgardist Sven Clauss) beauftragte. Wie nach kurzer Etappe zu erleben, folgte jedoch mit dem Vormarsch der Franzosen schon am 27. September der Baustopp. Als eine französische Patrouille mit Volker Oehring, Manfred Schneiders, Thomas Krempel und Frank Langen aufmarschierte, konnten die Schirme allmählich zugeklappt werden. Bei Trommelwirbel und Böllerschuss reute es die Wandervögel denn auch nicht, der Witterung die Stirn geboten zu haben. "Die Idee finde ich ganz hervorragend", lobte Graachs Ortsbürgermeister Werner Geller. Auch Gisela Frisch meinte nur lachend: "Etwas nass, ansonsten aber sehr gut." Die Initiatoren können daher zufrieden sein. Allen voran Hubertus Schulze-Neuhoff, der es sich laut Ingo Seebach, Vereinsmitglied und Pfarrer, "auf die Fahnen geschrieben hat, die Schanzen wieder populär zu machen".

Neben dem Bürgerverein mit seinen 180 Mitgliedern galt Schulze-Neuhoffs Dank vor allem den rund 20 Helfern, die zum Beispiel die Schanzen gesäubert, Beschilderungen angebracht oder die Verköstigung übernommen hatten. Ein Engagement, ohne das nach Ansicht von Cornelia Glitzenhirn, Leiterin der vier Monate jungen Vereins-AG "Arbeitsgruppe Wanderwege", die Wanderung gar nicht möglich gewesen wäre. "Ich bin froh, dass wir gerade bei unserem ersten Wander-Event eine sehr gute Zusammenarbeit mit Graach hatten", freute sich Edgar Langen. Der nächste Termin steht bereits fest: Am 5. Juni 2005 ist eine Schanzen-Tour samt Schiffspassage von Bernkastel-Kues nach Graach.

Siehe auch:
http://www.buergerverein-wolf.de
http://www.traben-trarbach-wolf.de
http://www.hoeffken.de

3) Schiffs-Weinlagen-Schanzentour 2005
Bernkastel-Kues - Graacher-Schanzen - Bernkaste-Kues

7. Mittelmosel-Schanzen-Tour: Von Bernkastel um 10:00 mit dem Schiff (Sonderpreis 2 Euro) bis Graach.

Am Heiligenhäuschen 1. Rast mit Wein und Speckkuchen.
An der Gabionenmauer auf neu beschildertem Wanderweg links ab
durch Weinberge zum Graacher Schützenhaus (2.Rast). Um ca.
12:15Uhr weiter auf Weg "M" zur Wolfer Schanze, zu den Graacher
Schanzen und "Trawer Kupp" abwärts zum Panoramahotel.
Neu seit 24.11.04
Nach dem Mittagessen um 14 Uhr, Abfahrt für Fußkranke mit Planwagen nach
Graach - Heimatmuseum.
Um 16.45 Uhr, Rückfahrt per Schiff zurück nach Bernkastel-Kues.
Termin:
5. Juni 2005, 10:00 Uhr ab Bernkastel-Kues.

4)   Aufwertung der Schanzen

Ein Bericht aus dem TV vom 29.01.2004: Zum Kulturdenkmal des
Monats Mai in der Region Trier wurden in diesem Jahr die Hödeshof-
Schanzen und die Graacher Schanzen ausgewählt. Damit sind nach
der Festung Mont Royal, die im April 2000 diese Auszeichnung
erhielt, wieder einmal zwei bei Traben-Trarbach angesiedelte Kulturgüter in die Liste aufgenommen worden.
Von unserer Mitarbeiterin GERDA KNORRN-BELITZ:
Der Traben-Trarbacher Hubertus Schulze-Neuhoff hat die Hödeshof-Schanzen entdeckt und die Mittelmosel-Schanzen-Touren ins
Leben gerufen. Hier zeigt er vor einer Karte der Kulturgüter im Landkreis Bernkastel-Wittlich seine von ihm verfasste und herausgegebene Wander- und Radlerbroschüre.
Im 18. Jahrhundert entstanden die Graacher Schanzen im Zuge der
französischen Revolution, und einst umfassten sie den ganzen Berg-
rücken der Moselschleife. 1999 wurde ein Teil der stark zugewachse-
nen Schanzen von Peter Schößler und Christof Krieger vom
Gestrüpp befreit und von dem angehenden Vermessungs-Ingenieur
Schößler aus Irmenach vermessen. Auch Revierförster a.D. Erhard
Köper aus Rachtig beteiligte sich am Entstrüppen und führte viele
Gäste über die Schanzen.
Die Hödeshof-Schanzen wurden 1997 von Diplom-Meteorologe
Hubertus Schulze-Neuhoff aus Traben-Trarbach entdeckt und ein
Jahr später vom Gestrüpp befreit. Die Datenbank der Kulturgüter in

der Region Trier wird von Prof. Dr. Helge Rieder (Fachhochschule Trier) und Peter Valerius aus Kordel betreut. "Die Schanzen wurden uns von Hubertus Schulze-Neuhoff empfohlen", sagt der Professor für Wirtschaftsinformatik, Helge Rieder, im Gespräch mit dem Trierischen Volksfreund und lobt das Engagement des Traben-Trarbachers. Die Auszeichnung zum Kulturdenkmal mache eine Sache bekannter und ziehe Besucher an".

Der Graacher Bürgermeister Werner Geller hat zusammen mit dem Gemeinderat anlässlich der Auszeichnung als Kulturdenkmal des Monats Mai eine Extrabeschilderung von Graach zu den Schanzen vorgenommen. "Der rührige Traben-Trarbacher" regt an, dass auch der Stadtrat eine Beschilderung der Hödeshof-Schanzen beschließen möge. Die von Schulze-Neuhoff ins Leben gerufenen Mittelmosel-Schanzen-Touren gab es erstmalig im Ende April 2000. Mit 70 Personen ging es von Traben-Trarbach zu den Hödeshof-Schanzen.

5) Die bisherigen und geplanten Schanzen-Touren

Es gab bis August 2004: 6 Mittelmosel-Schanzen-Touren. "4-Schanzen-Touren". Am 28.08.04 die **1. Wolfer Schanzentour** . Letztere entstand aus Eigeninitiative des Wolfer Bürgervereins. Herzlichen Dank für die Neubelebung und den Helfern.
Teilnehmer Bemerkungen:
1.**MMST** (**M**ittelmosel-**S**chanzen-**T**our), **29.04.2000**
Von Traben-Trarbach zu den Hödeshof-Schanzen, 68 Teilnehmer u.a. mit Landrätin Beate Läsch-Weber und Verbandsbürgermeister Simon, Zell sowie Radfahrern.

2.MMST, 05.05.2001
Von Bernkastel-Kues zur Graacher Schanze und nach Traben-Trarbach, 82 Teilnehmer. Verbandsbürgermeister Ulf Hangert startete die Teilnehmer u.a. mit einer Wandergruppe aus Kleinenberg.

3.MMST, 03.-05.2002
Von Traben-Trarbach, 15 Läufer, 25 Gottesdienst-Teilnehmer und 63 Schanzentourteilnehmer (insgesamt 103 Teilnehmer).

4. MMST, 29.05.-01.06.2003
Von Traben-Trarbach über Kindel, 135 Teilnehmer u.a.Teilnahme des Alpenvereins Sektion Bad Kreuznach mit 15 Teilnehmern und ca. 30 SUCELLUS-Freunden aus Kindel.

5. MMST, 08.05.2004
Von Traben-Trarbach über Kindel, ca. 45 Teilnehmer im Rahmen der Frühjahrstagung des Eifelvereins.

6 MMST , "1. Wolfer ST" , 28.08.2004
Von Wolf zur "Wolfer- und Graacher Schanze", 50 Teilnehmer, Bürgerverein Wolf als Ausrichter.

7.MMST, 05.06.2005
Von Bernkastel-Kues-Graach-Bernkastel-Kues
Über den neu beschilderten Weg von Graach zum Schützenhaus.

8. MMST
"1.Longkamper ST"
2006 Longkamp - Monzelfeld (in Planung).

Die 4. Mittel-Mosel-Schanzen-SUCELLUS-Tour und die Geschichte der Graacher und Hödeshof-Schanzen.
http://bwpc08.fhtrier.de:8080/kuDb/servlet/videoObj?aktSchluessel=4799 (ein 31 Minutenfilm!).

6) **Wandern zu SUCELLUS & Schanzen**
Am 8. Mai 2004 ging es bei der 5. Mittelmosel-Schanzen-Tour, die insgesamt vier Wanderungen umfasste, zu den Kulturdenkmälern des Monats Mai.
http://www.intrinet.de
Weitere Berichte finden Sie im Trierischen Volksfreund, wenn Sie Abonnent sind. Dort geben Sie unter "Suche" in den "regionalen News" das Stichwort "Schanzen" ein.
Es fuhren 34 Menschen, darunter 18 von der Ortsgruppe Stollberg bei Aachen, mit dem Schiff bis Kinheim (wie im Jahr zuvor).

7)   Sucellus, der Weingott von Kinheim-Kindel

"Ein römischer Gott sorgt für Streit im Dorf".
Auszug vom 24.01.2004 (Trierischer Volksfreund, Winfried Simon):
"In der Gemeinde Kinheim ist ein seltsamer Streit entbrannt. Die "Sucellus-Freunde" wollten eine überdimensionale selbst angefertigte Figur des Sucellus am Moselufer Kindel aufstellen. Die Gemeinde hat aber Vorbehalte. Offensichtlich spielen Rivalitäten zwischen Kinheim und dem Ortsteil Kindel dabei eine Rolle. Fast 2000 Jahre schlummerte die steinerne Figur, die den gallo-römischen Gott Sucellus darstellt, im Erdreich des Kinheimer Ortsteils Kindel. 1976 brachte ein Bagger bei Flurbereinigungsarbeiten die Figur ans Tageslicht. Für Archäologen war es einer der spektakulärsten Funde, stellt die 82 Zentimeter große antike Figur doch Sucellus, den Gott der Winzer und Weinküfer dar. Das wertvolle Fundstück wanderte ins Landesmuseum Trier.

In Kinheim schien man den Fund danach wieder vergessen zu haben. Die Sucellus-Freunde, an vorderster Front "Franz-Josef Rieth" und "Burkhard Kullik" nahmen auch Kontakt mit Dr. Karl-Josef Gilles vom rheinischen Landesmuseum Trier auf.

Der fand die Idee, Sucellus im Ort des Fundes mit einem Denkmal zu würdigen, grundsätzlich gut. Gilles gegenüber dem TV : "Dieser Fund ist für mich ein bedeutenderes Denkmal des römischen Weinbaus als das Neumagener Weinschiff."

Weil für die Aufstellung der Werbetafel eine Baugenehmigung erforderlich ist, musste über das Thema erneut im Rat abgestimmt werden. Diesmal ging das Votum nicht so reibungslos über die Bühne. Der Beschluss von Anfang Januar: Über den Standort soll erst in der nächsten Ratssitzung beraten werden. Außerdem: Die Figur sollte maximal doppelt so groß sein wie das Original, also etwa 1,60 Meter, aus einem Steinblock gemeißelt werden oder als Abdruck aus einem witterungsfesten Material bestehen. Dr. Karl-Josef Gilles, der ebenfalls an der Sitzung teilnahm, erläutert seine Vorstellung gegenüber dem TV : "Wenn man etwas macht, sollte man auch etwas Vernünftiges machen. Man sollte nichts aufstellen, was man später vielleicht bereut." Für Kullik bedeutet der jüngste Ratsbeschluss nämlich das Aus für das Projekt. Wenn die Figur aus Stein gehauen werden muss, würde sie rund 30 000 Euro kosten, hat er errechnet. ..." Soweit der Bericht des Trierischen Volksfreundes vom 24./25.01.04.

Ein "SUCELLUS-Wanderweg" von Kinheim nach Traben-Trarbach wird hoffentlich im Jahre 2005 eingerichtet.

Die *zwei Hödeshof Schanzen* und die *Graacher Schanze*, werden im Mai 2004 **Kulturdenkmal des Monats.** Nachdem im April 2000, die Festungsanlage Mont Royal zum Kulturdenkmal erhoben wurde, nun diese Ehre. Demnächst zu finden unter: http://www.roscheiderhof.de/kdm-archiv. Dank an Herrn Peter Valerius und Prof. Helge Rieder für dieses Geschenk. Und Dank an SWR-3, Sendung "Rat & Tat", wo ich die Schanzentour(en) am 07.01. 2004 vorstellen durfte.

8)   Hödeshof- und Graacher Schanzen

Aus dem Trierischen Volksfreund vom 29.01.2004
(www.intrinet.de, Regionales, Bernkastel-Kues):
Aufwertung für die Schanzen TRABEN-TRARBACH. Zum Kulturdenkmal des Monats Mai in der Region Trier wurden in diesem Jahr die Hödeshof-Schanzen und die Graacher Schanzen ausgewählt. Damit sind nach der Festung Mont Royal, die im April 2000 diese Auszeichnung erhielt, wieder einmal zwei bei Traben-Trarbach angesiedelte Kulturgüter in die Liste aufgenommen worden.
Von unserer Mitarbeiterin GERDA KNORRN-BELITZ
Der Traben-Trarbacher Hubertus Schulze-Neuhoff hat die Hödeshof-Schanzen entdeckt und die Mittelmosel-Schanzen-Touren ins Leben gerufen. Hier zeigt er vor einer Karte der Kulturgüter im Landkreis Bernkastel-Wittlich seine von ihm verfasste und herausgegebene Wander- und Radlerbroschüre.Foto: Gerda Knorrn-Belitz Im 18. Jahrhundert entstanden die Graacher Schanzen im Zuge der französischen Revolution, und einst umfassten sie den ganzen Bergrücken der Moselschleife. 1999 wurde ein Teil der stark zugewachsenen Schanzen von Peter Schößler und Christof Krieger vom Gestrüpp befreit und von dem angehenden Vermessungs-Ingenieur Schößler aus Irmenach vermessen. Auch Revierförster a.D. Erhard Köper aus Rachtig beteiligte sich am Entstrüppen und führte viele Gäste über die Schanzen.
Die Hödeshof-Schanzen wurden 1997 von Diplom-Meteorologe Hubertus Schulze-Neuhoff aus Traben-Trarbach entdeckt und ein Jahr später vom Gestrüpp befreit. Die Datenbank der Kulturgüter in

der Region Trier wird von Prof. Dr. Helge Rieder (Fachhochschule Trier) und Peter Valerius aus Kordel betreut. "Die Schanzen wurden uns von Hubertus Schulze-Neuhoff empfohlen", sagt der Professor für Wirtschaftsinformatik, Helge Rieder, im Gespräch mit dem Trierischen Volksfreund und lobt das Engagement des Traben-Trarbachers. Die Auszeichnung zum Kulturdenkmal mache eine Sache bekannter und ziehe Besucher an. Rieder hofft, dass die Schanzen in Zukunft eine Beschilderung erhalten. Dazu weiß Hubertus Schulze-Neuhoff schon Erfreuliches zu berichten: Der Graacher Bürgermeister Werner Geller werde zusammen mit dem Gemeinderat darüber beraten, anlässlich der Auszeichnung als Kulturdenkmal des Monats Mai eine Extrabeschilderung von Graach zu den Schanzen vorzunehmen. Der rührige Traben-Trarbacher regt an, dass auch der Stadtrat eine Beschilderung der Hödeshof und Graacher Schanzen beschließen möge.

9)   Die Mittelmosel-Schanzen-Touren, Entstehungsgeschichte

In den Alpen und nur im Winter kennen wir die Vier-Schanzen-Tournee der Skispringer. Nun hat sich seit dem Jahr 2000 eine Vier-Schanzen-Tournee der anderen Art für Wanderer an der Mittelmosel entwickelt. Diese Schanzen auf und in der Umgebung des Mont National sind Überbleibsel aus der Zeit um 1795, als sich Preußen und Franzosen dort hinter Dämmen und Gräben verschanzten: Schanzen 38-47; Schanze Nr. 37; Schanzen 1-8; Schanze Nr. 9 usw.

Die Nummern der Schanzen finden Sie im *Plan de la Position,* Urplan aus Paris, aus dem Mittelmosel-Museum in Traben-Trarbach. Ein Ausschnitt, fotografiert von Christoph Krieger, eingescannt und farbig gestaltet mit neuem Text, finden Sie seit Juli im Infokasten am Kaisergarten /Eiserne Weinkarte (am höchen Punkt des Bernkasteler Wanderweges, von Trarbach kommend). Dank an Werner Geller, Georg Flesch und Frau Kettern (alle Graach).
(Siehe unter "Karten")
Auch Monzelfeld und Longkamp haben ihre Schanzen. Schanze Nr. 17 nahe dem Industriegebiet von Monzelfeld zeigte mir Heimatforscher Alfred Kropp. Schanze Nr. 9 oder 10/11 fand ich am 05. Nov. 2004 aufgrund der Mittelmoselmuseum-Karte.

Zur Geschichte der Schanzen können Sie in dem Büchlein von Dr. Hönl nachlesen.

Hier ein kurzer Auszug:
Um einem erneuten Angriff erfolgreich begegnen zu können, begannen die alliierten Armeen, sich zu verschanzen… Aber nicht nur über Graach, sondern auch am Mont Royal und am Kampstein wurden zur gleichen Zeit Schanzen angelegt.
Am 27. September 1794, nach einem halben Jahr mühsamer Fronarbeit, gab Hauptmann Harroy den Befehl, die Arbeit an den Schanzen einzustellen;
Weshalb diese ganze Vorrede!
Diese Schanzen hatten bis 1998 einen "Dornröschenschlaf" gehalten. Viele Einheimische hatten wohl davon gehört, waren aber nie hautnah dran, obgleich diese Denkmäler unserer nicht immer ruhmreichen Vergangenheit nur jeweils ca. 2 km vom Ortsausgang Trarbachs entfernt liegen.
Im Jahre 1998 haben wir eine der Trarbacher Schanzen mit Hilfe einiger Tischtennis-Spieler von Gestrüpp befreit, sowie es 1999 Christof Krieger und Peter Schößler mit der Graacher Schanze taten.
Günter Oberle fragte 1998 scherzhaft, ob ich wieder auf 4-Schanzen-Tournee sei, und dadurch entstand der Name des Projektes. Ein Jahr ruhte das Projekt, bis Revierförster a.D. Herbert Weber aus Erden und HSN die Schanzen endgültig befreiten. Im Jahr 2004 startete nun am 8. Mai die 5. Mittelmosel-Schanzen-Tour.

10) Von Traben-Trabach zur Graacher Hauptschanze
Wir starten heute mit dem Rucksack oder Rad in Bernkastel, Graach oder Zeltingen zum Ortsteil *"Graacher Schäferei"* mit letzten Einkehrmöglichkeiten und schönen Aussichtspunkten auf das Moseltal bei Bernkastel.
Auf der Teerstraße geht es weiter bis zur zweiten Haarnadelkurve. Hier finden wir den Hinweis auf die „Schanze". Der Weg führt durch den schattigen Eichenwald hinauf zum Schanzendamm der „Graacher Schanze". Nach ca. 2 Minuten überqueren wir den Moselhöhenweg „M" und gehen oder schieben unser Rad auf dem freigesschnittenen Dammweg weiter bis zum *„Wolfer Höhenweg T11".* 434 m hoch sind wir hier auf dem *„Mont National",* von wo wir einen weiten Blick auf den Mont Royal, die Grevenburg, Starkenburg, Hödeshof und weit in den Hunsrück hinein haben.
Auf dem „T 11" gehen wir rechts ab bis zum Wegekreuz „Eiserne

Weinkarte", auf dem die fünf Weinorte Bernkastel, Graach, Zeltingen, Wolf und Trarbach markiert sind. Hier können wir eine Rast im *„Kaisergarten"* einlegen, der zu Ehren von Kaiser Wilhelm und der Reichsgründung 1871 angelegt wurde, wie in vielen Orten damals (Quelle: Karl-Josef Prüm, „Natur vor Ort erleben", 13 Rad- und Wandertouren zu den schönsten Naturdenkmälern im Kreis Bernkastel-Wittlich, Verlag „Sanfter Tourismus", Trier). Hier ist auch der Abgang zum ca. 2 km entfernten Trarbach über den *„Bernkasteler Weg T6"*. Wir gehen aber weiter auf dem geteerten *„Longkamper Höhenweg L1"* und kreuzen nach ca. 100 m den *„Ameisenpfad T7"*, der links zum Hotel Gräffsmühle und Thermalbad führt und nach rechts zum Ausblick *„Maria Zill"*. Unser Weg führt uns auf dem *„L1"* weiter in Richtung Longkamp, bis links ein Pfahl mit dem Schild *„Wendelstein"* steht Der Name entstammt einer Sage, nach der sich der Stein zum Mittagsläuten wendete. Wir nähern uns dem ehemaligen Kultstein *„Wildstein"*. Eine Wanderkarte sollte man dabei mitführen.

An einer Wegespinne halten wir uns scharf links und gehen dann in Serpentinen abwärts. Nach Unterquerung einer Stromleitung kommen wir auf den *„T3"* und gehen geradeaus noch 45 m bis zu den aufgeschichteten Felsen auf dem Felskamm. Von dort gehen wir weiter geradeaus und nun in Serpentinen abwärts an der *„Roten Quelle"* vorbei zum alten Bad Wildstein, dann aufwärts auf dem *„Wirtzfeldpfad"* in Serpentinen zur *Katakombe*, zum *„Uhufelsen"* mit Blick auf zwei „Adlerhorste" (Häuser von Familien mit Namen Adler), am *„Hödeshof"* vorbei in Richtung Fischteiche, links ab zu den drei *Trarbacher Schanzen,* zu den *„Campsteinen"*, zur *„Grevenburg"* und dann zu den Traben-Trarbacher Schiffsanlegestellen oder zum Bus, der uns zurück nach Bernkastel, Graach oder Zeltingen bringt.

Natürlich kann man am Hotel „Kogge" auch schon den Bus zur Stadt des „Loretta-Hauses" nehmen oder den in Teil I beschriebenen *„Elfenpfad"* oder alten *„Ameisenpfad"* nutzen, je nach Kondition.

11) Von Traben-Trabach Hotel "Kogge" zum Hödeshof

TV-Bericht vom 28.05.2004: "Auf steilen Hängen". Festes Schuhwerk wird empfohlen.
Die Strecke hat viele steile Hänge. Kartengrundlage: TK25 (c) Landesamt für Vermessung und Geobasisinformation Rheinland-Pfalz 14/04/2004
WILDSTEIN. (lei) Diese Wanderung für Familien mit Kindern führt von Bad Wildstein über den Hödeshof zur Hubertusruh, nach Kautenbach und zurück nach Wildstein. Anfangs schmiegt sich der Pfad an steile Hänge. Schwindelfrei muss man nicht sein, aber festes Schuhwerk ist empfehlenswert.
Wir parken am Ortsausgang von Bad Wildstein Richtung Kautenbach bei den alten Garagen an der Landstraße 187. Auf der anderen Seite der Straße führt uns eine Holzbrücke über den Kautenbach auf den Wanderweg *T3*. Wir folgen ihm rechts in den Wald, Richtung Hödeshof. In Serpentinen führt der schmale, zum Teil gesicherte Pfad bergauf. Tief unter uns fließt der Bach, und immer wieder bieten sich schöne Ausblicke auf Kautenbach.
Wir stoßen auf eine Teerstraße und folgen links dem *T4* zum Hödeshof. Hinter dem Hödeshof verlassen wir den *T4*, folgen dem rechten Weg in den Wald. Dieser Weg ist als *T2* markiert und führt nach Kautenbach. Wir gelangen an die Hubertusruh.
Der Weg gabelt sich vor den Fischteichen, wir wählen den Weg halb links oder gehen rechts an der Hubertusruh vorbei. Beide Wege verlaufen parallel zum Bach und treffen später wieder zusammen. Der *T2* führt uns nun stetig bergab, an den Fischteichen vorbei, den kleinen Bach entlang. Dort wo dieser Bach in den Eschbach fließt, folgen wir weiter dem *T2* und kommen nach Kautenbach. Weiter geht es auf dem *T2*, der hinter dem Hotel "Zur Sonne" rechts als Pfad in den Wald führt. Über diesen Pfad gelangen wir zum Ausgangspunkt zurück. Diese Wanderung ist für Kinderwagen nicht geeignet. Gesamtstrecke: 9 Kilometer, Summe der Steigungen: 480 Meter

Ergänzung: In der Nähe des Hödeshofs liegen die Schanzen von 1794

12) Radweg von Traben-Trarbach zur Graacher Schanze

In der Landesschau des SWR wurden Radtouren vorgestellt. Auch diesen Weg können wir als Erlebnis-Tour vorstellen. Wir starten von Trarbach über Wolf und den Lösnich-Zeltinger-Panoramaweg, (an der Klosterruine Wolf und dem berühmten Kröver Felssturz (1992) vorbei, in Richtung Kindel, Lösnich und Erden. In Lösnich biegen wir am Gasthaus *"Heil"* links ab auf den Panoramaweg *Z11*, dann *Z2* in Richtung Zeltinger Schutzhütte.

Der Weg führt sanft bergauf. In Höhe des „St.-Stephanus-Brunnens" umgehen wir eine starke Steigung, indem wir einen Teerweg rechts benutzen und nach 3 Minuten wieder auf der Straße zur Schutzhütte sind. An der Schutzhütte fahren wir geradeaus am „Hubertus-Brunnen" vorbei zum „Römerbrunnen", von dort rechts ab in Richtung „Graacher Schanze".

Dieser letzte Wegteil müsste noch hergerichtet werden, da er zur Zeit bei nassem Wetter schwierig befahrbar ist. An der Schanze angekommen, sehen Sie ein Stück der Schanze rechts in Richtung Graacher Schäferei durch einen Eichenwald hindurch. Wir aber schieben unser Rad auf den Schanzendamm, der nach links abgeht.

Am Ende der Schanze geht es auf dem *T11* rechts zur „Eisernen Weinkarte" (bitte nicht mit dem gleichnamigen Ausflugslokal in der Nähe verwechseln).

Wem die große Schleife zu anstrengend ist, sei der Ausblick „Maria Zill" (auf dem *T7* ca. 100 m auf dem *L1* rechts ab und von dort zu dem erwähnten Ausflugslokal oder noch weiter bis zum Ortsteil Graacher Schäferei) empfohlen. Der Name „Maria Zill" stammt übrigens von einer Maria, die Urlaubsgast im Kautenbachtal war, genauso wie Herr Gottwerth, dem zu Ehren der Kegelberg und die ehemalige Wallanlage bei Kautenbach benannt wurde. Von der Schäferei geht es abwärts nach Graach und über Zeltingen zurück nach Trarbach. Die Konditionsstarken fahren auf dem geteerten Longkamper Höhenweg *L1*. Nach ca. 1 km sehen Sie links den Abzweig für die 4 ST-Wanderer mit „Wendelstein"-Schild. Wir fahren aber nochmals ca. 1km geradeaus, bis links der Abzweig in Richtung Kautenbach mit den weißen, noch unbeschrifteten Plastikschildchen auftaucht. Der offizielle Weg *T6* führt uns auf die Straße des Kautenbacher Sportplatzes, wobei an dieser Gabelung noch Schotter/Kies aufgetragen werden müsste. Linker Hand liegt der Sportplatz und die schon erwähnte ehemalige Wallanlage „Gottwerthshöhe".

Zum Felsmassiv „Bischofsmütze" sind es nur fünf Minuten Gehweg, ohne Rad. Unser Weg führt uns aber weiter in den Ort Kautenbach (Achtung: ca. 15 % Gefälle und eine gefährliche Querrrinne). Wir fahren links abwärts in Richtung oder ganz nach Trarbach, wenn wir uns die drei Trarbacher Schanzen für einen späteren Zeitpunkt vornehmen wollen.

Die ganz Konditionsstarken biegen in der Zweibachstraße rechts ab ins Zweibachtal *(T2)*, den weißen Plastikschildchen folgend. Am ehemaligen Forsthaus „Hubertusruh" und den Fischteichen vorbei bergauf geht es nun links in Richtung Hödeshof, den *T2* vorübergehend verlassend, am Laufgraben der 1. Trarbacher Schanze ca. 200 m durch hohen Buchenbestand rechts ab.

Außerhalb des Hochwaldes stoßen wir auf einen festen Weg, dem wir links bis zur 2. Schanze in Höhe eines Hochsitzes folgen. Nach Besichtigung geht es auf dem Waldweg zurück in Richtung Irmenach, wo wir am Waldrand wieder auf den *T2* stoßen. Nach Überqueren der Landstraße fahren wir links ab (der *T2* führt geradeaus ins Ahringsbachtal).

Nach ca. 200 m folgt rechts die 3. Trarbacher Schanze, auf ungefähr gleicher Höhe links, der alte Galgenplatz mit noch zu beschildernden Kultsteinen.

Über die „Campsteine" und "Hofboor" geht es zur Grevenburg. Vom „Hofboor" führt der Weg entlang der Landstraße ca. 500m in Richtung Starkenburg, dann biegt man an der Linde auf anfangs geteertem Weg links ab in Richtung „Bismarck-Höhe" (höchster Punkt 404 m), bis zum *Moselhöhenweg*, 40m rechts des Weges ist der Aussichtspunkt „Bismarck-Hütte". Auf dem Weg zur Grevenburg kommt man an zwei weitere schöne Aussichtspunkte u.a. mit Blick auf die Mosel, den Mont Royal, Enkirch die Staustufe und kurz vor der Grevenburg auch auf die „Graacher Schanzen" auf dem „Mont National". (Achtung: 20% Gefälle vor der Grevenburg).

13) Die Schanzen-Tour für Motorisierte

Jetzt fehlt jetzt noch die Route für Motorrad bzw. Autofahrer und Traktoren mit Anhängern für Personentransport (z.b. von Kinheim und Wolf): Sie fahren nach Graach, dann zur Graacher Schäferei hoch und weiter zum Parkplatz am Kaisergarten an der *Eisernen Weinkarte*, unweit der "Ausflugsgaststätte Eiserne Weinkarte".

Kleiner Schanzen-Rundweg:
Vom Parkplatz *Kaisergarten* geht es zu Fuß auf dem Moselhöhenweg *M* bis rechts die neuen Schilder Schanzen und 434 m ü.NN. (Meeresspiegel) den Weg auf den Schanzendamm weisen. Am Ende der Schanzen kehren wir nach rechts zum PKW oder Motorrad zurück.

Großer Schanzen-Rundweg
Am Ausgang der Schanzen gehen wir links weiter auf dem T11 in Richtung Wolf, bis wieder ein neues Schild *Schanzen* nach links weist. Sie gelangen wieder auf den *M* und kehren an den Ausgangspunkt zurück.

14) Die Geschichte der Graacher Schanzen

Im Büchlein „Die Geschichte von Traben-Trarbach" von Dr. Joh. Hönl, sind die „Schanzen" von Graach auf dem „Mont National", Hödeshof und Starkenburg ausführlich beschrieben.
Er schreibt darin auf Seite 69: „Den Mont Royal besuchen Tausende jedes Jahr und bewundern seine großzügige Anlage...".

Die Graacher Schanzen hatten bis 1998 einen „Dornröschenschlaf" gehalten, aus welchem Grund auch immer. Ein Grund sind zum Beispiel die kaum vorhandenen Hinweisschilder und das fehlende Hintergrundwissen zu diesem Geschichtserbe. Studiendirektor Artur Weber aus Graach hat mir (H. Schulze-Neuhoff) eine Kopie der Beilage in der Bernkasteler Zeitung aus dem Jahre 1929 zukommen lassen. Ein Auszug des Artikels des Longkampers N. Thiel wird im Folgenden geboten:

Auf der Höhe neben dem Weindorfe Graach, wo die schlängelnde

Mosel den hohen Bergrücken, die „Graacher Höhen", am meisten einengt, wo man von der schmalen Bergplatte aus hinunter schauen kann in die beiden weinfrohen Städtchen Bernkastel-Cues und Traben-Trarbach, stößt der Wanderer auf zerfallene Erdbefestigungen. Es sind die „Graacher Schanzen", die sträucherüberwucherten Lauf- und Wallgräben, die in abgerundeten Geschützständen und verzweigt liegenden Vorwerken noch ziemlich erhalten sind. Dem heutigen Besucher fallen dieselben als Ödlandrücken inmitten bunter Felder und Wiesen auf.

Hohe Dornhecken und sonstiges Gestrüpp bedecken die Gräben, teilweise sind Letztere auch mit stickigem Sumpfwasser angefüllt. Große Teile der ehemaligen Anlage hat der Forstmann mit Wald angepflanzt. Die uralte Römerstraße Belginum–Longkamp–Ürzig durchschneidet die Schanzen. Die Schanzen wurden von den Preußen auf Befehl des Generalfeldmarschalls von Möllendorf angelegt. Am 13. März 1794 machten diese den ersten Spatenstich und ließen bis zum 27.September desselben Jahres in der Frone dort arbeiten. Sie wichen dann den herandrängenden Franzosen und zogen sich zurück.

Die Franzosen nahmen die begonnene Arbeit wieder auf, bauten weiter an den Verschanzungen und erweiterten höchstwahrscheinlich den Umfang. Eine Reihe uns erhaltener Urkunden gibt über die Arbeiten an den Schanzen Aufschluss. Da malt zunächst der Hochgerichtszender Nikolaus Kirsch aus Longkamp in seinen Aufzeichnungen ein düsteres Zeitgemälde, das einen farbenreichen Hintergrund liefert. Die Fröner mussten täglich morgens 6 Uhr auf der Arbeitsstelle sein, versehen mit Pickeln, Schaufeln, Hotten und Schiebkarren. Dazu waren täglich vier vierspännige Wagen zu beordern. Vom August ab erfuhr die Zahl der Arbeiter und Wagen eine Verdoppelung. Wie mögen die Dörfer aufgeatmet haben, als die Preußen am 27. September die Schanzarbeiten einstellten und sich, ohne einen Versuch der Verteidigung zu machen, bis Mayen zurückzogen.

Aber – auf die unnachsichtigen Preußen folgten die französischen Revolutionstruppen, und deren General Jourdan ließ die Schanzen weiterbauen. Die Anforderung von Leuten und Baumaterial steigerte sich jetzt, gegen die Säumigen schritt man rücksichtsloser zur Bestrafung. Die Stadt Bernkastel hatte 1.500 Faschinen (Reisigbündel zur Sicherung von Böschungen, d.Red.) zu liefern, 50 Fronarbeiter und einen Zimmermann zu stellen, diese auch selbst zu löhnen. Nebenbei wurden ihr im Stadtwalde „Dunkel Katerich" die dicksten Stämme unberechtigterweise gefällt, die an den Schanzen als Bauholz Verwendung fanden. So kann man in den Stadtratsbeschlüssen dieser Jahre lesen. Inwieweit die einzelnen Dörfer unter den Bauarbeiten zu leiden hatten, ist der Nachwelt nur vereinzelt überliefert, es mag sich in der einen oder anderen Gemeindekiste noch ein vergilbtes Schriftstück hierüber erhalten haben, dessen Bedeutung man noch nicht würdigen konnte. Die Arbeiten an den Graacher Schanzen erreichten erst 1797 ihr Ende, als man den Franzosen im Frieden zu Campo Formio das linke Rheinufer zusprach.

15) Danksagung von Mittelmosel-Urlaubern

Bernhard Hagelücken, Wanderführer des Eggegebirgsvereins in Kleinenberg: Wenn Wanderer eine "4-Schanzen-Tournee" bewältigen, ist das zwar nicht so spektakulär wie bei den Skispringern im Winter. Wenn es aber über die Berge der Mittelmosel geht, sind die Höhenunterschiede sicher nicht geringer. Dies erlebten die Wanderfreundinnen und Wanderfreunde des EGV Kleinenberg, als sie die "4-Schanzen-Tournee der anderen Art" von Bernkastel nach Traben-Trarbach erwanderten. Eingeladen hatte dazu der Alt-Kleinenberger Hubertus Schulze-Neuhoff (HSN), der als Diplom- Meteorologe bei den militärischen Wetterfröschen an der Mosel arbeitet. Die Schanzen an der Mittelmosel sind militärische Anlagen von 1795. Die umfangreichen Verteidigungsanlagen mit ihren Schanzengräben auf dem Bergrücken des "Mont National", aus der Zeit der Auseinandersetzungen zwischen Preussen und Franzosen, sind durch den Einsatz von HSN und seinem Freundeskreis wieder frei zugänglich. Sie verbinden auf reizvollen Wanderwegen die beiden Weinorte Bernkastel-Kues und Traben-Trarbach über die Höhe (durch Weinberge und über die Schanzen), während die Mosel in einer grossen Schleife den Mont Royal umflutet. Die Wanderführer Erhard Köper aus Zeltingen-Rachtig, Otto Schirmer, HSN und Mountain-Bike-Führer Herbert Weber hatten auf steilen Anstiegen viele landschaftliche Geschichten parat, die durch herrliche Ausblicke auf das Moseltal ergänzt wurden.

Verbandsbürgermeister Ulf Hangert aus Bernkastel-Kues fand es beim Start der Teilnehmer unter den Klängen des "Trommler- und Fanfarenzuges Burg Landshut" bemerkenswert, dass mit der Mittelmoselschanzen-Tour überörtliche und regionale Verbindungen in der Mittelmoselregion gefestigt werden. Ein ohrenbetäubender Startschuss aus den historischen Waffen der Musketiere (Elke und Volker Oehring und Manfred Schneiders) machte die Mittelmosel-Schanzen-Tour für die Eggeleute aus Kleinenberg endgültig zum unüberhörbaren Erlebnis. (Pressewart des EGV) Weitere Helfer waren und sind: das Adolf Braun-Team des Vereins Sport, Freizeit & Gesundheit, die Mittelmoseltouristik & Werbung GmbH, Frau Sabine Steinmetz und Bernkastels Verkehrsamtsleiter Rene`Achtermann und Team im Jahr 2001, Verein TTA (Traben-Trarbach Aktiv) im Jahr 2000, 2002 und 2004.

16)   Schanzenchronik 1793-1795 / 1998-2004

1793 werden die Schanzen von den Preussen gegen französiche Truppen gebaut. Am 5. April 1795 zogen sich die Preussen nach Polen wegen eines dortigen Aufstandes zurück. Die Franzosen bekamen bis 1814 das linksrheinische Gebiet zugesprochen und bauten die Schanzen. Am 29.03.1795 gab Ludwig van Beethoven (mit Vorfahren aus Litzig und Rißbach = heutiger Traben-Trarbacher Stadtteil) in Wien sein 1. Klavierkonzert.
Beethovens Stammbaum: siehe www.litzigerlay.de; Stichwort "Kultur"

1998 HSN wird auf die Hödeshof-Schanzen aufmerksam. Er entsträppt sie mit Helfern. Christof Krieger & Peter Schößler machen 1999 die Graacher Schanze wieder begehbar. Erhard Köper Herbert Weber und HSN vollenden 2001 das Werk.

17.)   Die Intrinet Wanderkarte des Trierischen Volksfreundes
Diese interaktive Karte wurde von der Firma http://www.netgis.de (Jürgen Möschel und Sven Schröter) erstellt. Die Hödeshof-Schanzen wurden auf meine Empfehlung hin rot hervorgehoben:
http://www.intrinet.de/media/wandern/frameset33.html
Alle anderen 30 Wanderkarten der Region finden Sie hier:
http://www.intrinet.de/regionales/wandern/index.html

18) Der Schanzen-Höhenweg von Traben-Trarbach nach Bernkastel

Den Schanzenhöhenweg finden Sie hier ausführlich, mit Bildern und Beschreibung, in:
http://www.mosella.de/4Schanzen/wanderkarte/start.html
Die Seite http://www.mosella.de vom Holger Brittinger sei Ihnen sehr empfohlen. Dort finden Sie unter anderem den Veranstaltungskalender und Sonstiges an der gesamten Mosella.

19) Mitternachtslauf Kröv 2004
http://www.mitternachtslauf-kroev.de/ (Auswahl)

Name	Länge	Klasse	Zeit	Platz
Daniel Madeline;	4200	Schüler D	12:10	45
Friedl Patrick;	2200	Schüler A B C	08:38	29
Truong Stefan;	2200	Schüler A B C	11:03	87
Van Rüsten Christian;	3800	Jedermann	15:48	39
Pörsch Christiane;	3800	Jedermann	21:40	103
Schulze-Neuhoff H.	3800	Jedermann	21:40	104
Kreber Reiner;	3800	Jedermann	25:13	138
Stroh Karl-Wilhelm;	3800	Jedermann	25:15	139
Dr. Risse Sören;	9400	Junggebliebene	42:41	176
Bornemann Willi;	9400	Junggebliebene	45:08	246
Tillmann Olaf;	9400	Junggebliebene	46:35	284
Junglen Olaf;	9400	Mitternachtslauf	37:21	68
Müller Eric;	9400	Mitternachtslauf	42:53	204
Horch Klaus;	9400	Mitternachtslauf	43:04	213

20) Wandern in wunderbarer Panoramawelt
Panoramafoto aus Traben und Trarbach
www.meinestadt.de/traben-trarbach/bilder

21) Nordic Walking in Traben-Trarbach
www.litzigerlay.de/hsj/nordic/nordic.htm (Nordic Walking in Traben-Trarbach)
Demnächst wird auch eine spezielle Nordic Walking Strecke ausgewiesen.

22) Wandertipp der Woche: "Zur Hex"

Wir starten in Enkirch und wandern im schönen Großbachtal aufwärts bis zum Grillplatz und Fischteich *Zweibach*. Dort fließen der Wackenbach (vom Hohestein-Wacken kommend) und der Großbach (früher auch Schachbach genannt) zusammen. Wir wählen den Fußweg auf der linken Seite des Großbachs. Nach ca. 2 km leicht bergauf müssen wir einen kleinen Seitenbach überqueren und der Weg gabelt sich. Linker Hand aufwärts würden wir nach Maiermund kommen. Wir aber wählen den Weg rechts leicht bergab wieder entlang des Großbachtales. Festes Schuhwerk ist ratsam, da zwei Feuchtstellen zu überqueren sind.

Wir gehen weiter, bis der Weg am nächsten Seitental endet. Von dort werden wir mit einem Blick auf einen Quarzitfelsen belohnt, der im wahrsten Sinne des Wortes sagenhaft ist.

Auf dieses (inoffizielle) Naturdenkmal wurde ich durch Dieter Franz, Sohn der Hunsrückdichterin Liesel Franz aus Maiermund, aufmerksam. Die Sage zu diesem Steindenkmal steht im Buch von Ludwig Schößler (Raversbeuren) von 1872 - 1931, "Der Schöffe von Briedel".

23) Der Wirtzfeld-Pfad

Dies ist ein abenteuerlicher Weg/Pfad für geübte Wanderer. Sie lernen alte Pfade kennen, eine *„Katakombe"*, den *„Uhu-Felsen"* mit dem *„4-Häuser-Blick"* von Kautenbach, die *3 Trarbacher Schanzen*, die *Campsteine* und den *„Hofboor"*.

Aber beginnen wir mit dem Start:

Ausgangs- und Endpunkt ist der Moselparkplatz in Trarbach. Der Weg möge von dort – so meine Anregung- durch die Graben- oder Weiherstraße zum Weihertorplatz und an der alten Stadtmühle vorbeiführen. Von dort geht es am Kautenbach entlang, bis rechts 4 Garagen mit braunen Toren auftauchen.

Jetzt biegen wir zur Wildbadstraße ab, überqueren sie und sehen das alte Wegeschild mit den zwei Pfeilen und dem Hinweis *„Ameisenpfad"* und *„Bernkastel"*. Wir biegen nach ca. 40 m links ab auf den alten *„Ameisenpfad"* wandern entlang früherer Weinberge, bis wir auf den neuen *„Ameisenpfad"* (T7) stoßen. Wir folgen ihm nach links abwärts zur Gräffsmühle/Thermalbad. Letzteres lassen wir links liegen, und begeben uns auf den ebenfalls wohlklingenden *„Elfenpfad"* am Hang entlang in Richtung des früheren Kultsteins Wildstein = Wendelstein bzw. in Richtung des früheren Bad Wildstein. Dort gehen wir geradeaus auf dem gut beschilderten *T3* weiter und erreichen die Rote (eisenhaltige) Quelle. Nach 2 Minuten haben wir eine Einkehrmöglichkeit im Hotel "Kogge" (dienstags Ruhetag).

Ca. 30 m oberhalb dieses Hotels führt eine Brücke über den Kautenbach. Wir gehen nach links an ca. 13 umfangreichen, hohen und über 100 Jahre alten Douglasien vorbei (die zweitgrößten in Rheinland-Pfalz mit Brusthöhendurchmesser von ca. 1.20 m). Nach einer Minute windet sich der Wirtzfeldpfad in Serpentinen aufwärts. Da der Weg recht steil ist, sollten Herzkranke diesen Weg meiden. Für diese Touristen empfehle ich den „Hubertusruh-Weg" an den Fischteichen vorbei. Auf dem Pfad erreichen wir nach ca. 145 Metern die *Katakombe*, eine eindrucksvolle Schieferhöhle. Hier haben wir das steilste Stück des Pfades hinter uns, ab hier geht es rechts am Hang aufwärts zum „Uhufelsen", von wo sich ein wunderbarer Blick auf vier Häuser von Kautenbach im Nord- und Südviertel, auf den darunter liegenden „Franzosengraben" bietet. Wir erblicken auch die Häuser von Longkamp, den Felsen mit dem Namen „Bischofsmütze" am Hang der kegelförmigen „Gottwerthshöhe" (Gottwert = der erste Gast des früheren Bad Wildstein), das Naturdenkmal „Fronhofer Eiche" links oben auf der Feldflur. Dieser Ausblickplatz könnte oder sollte noch abgesichert werden, auch wenn jeder für seine eigene Sicherheit verantwortlich ist.

Nach der Rast auf einer Natur-Steinbank geht es ca. 50 m zur Gabelung zurück und erst nach rechts, dann am Hang links aufwärts über alte Schiefergruben hinweg. (Gruben = Kaulen / Kauden / Kauten). Davon gibt es viele im Tal, daher wahrscheinlich der Name Kautenbach und Kaudenbach, letzterer Name auf Karten im Museum. Die Schieferabfallhalde ist mit 5 Birken bepflanzt. Über den nächsten Felskamm (ohne Blick ins Tal) geht es nach rechts bis zu einem befestigten Waldweg. Hier, am Ende des Pfades, steht ein Schild mit dem Namen des schon 1902 und 1911 erwähnten und ausgeschilderten Wanderpfades. „Wirtsfelspfad" steht auf dem alten Schild, aber der Name stammt von dem damaligen Herrn Wirtzfeld, der offenbar in Traben-Trarbach Chef des Telegraphenamtes war, wie Ernst Käss,

Lehrer im Ruhestand, erzählte. Sein Großvater führte damals das Hotel „Käss", heute die „Kogge". Aus Rücksicht auf das Wild folgen wir nicht mehr dem Urpfad von 1911, sondern dem breiten Waldweg nach rechts. Nach der bald anschließenden Linkskurve geht es geradewegs zur *„Simmenacher Scheune"*, dem heutigen Pferdegestüt, der früheren Schäferei, wo die Wanderer wie in den Alpen einstmals frischen Schafskäse kaufen konnten.

Es geht weiter zu den drei *Trarbacher Schanzen*, indem Sie etwa 200 m in Richtung der Fischteiche und dann links dem Laufgraben der ersten Schanze folgen die in den bisherigen Wanderkarten nicht eingezeichnet ist. Die zweite Schanze liegt links des Weges in ca. 75 m Entfernung. Nach der Begehung kehren wir auf dem Weg zurück in Richtung Irmenach, überqueren am Waldrand die neue Landstraße und halten Kurs auf Starkenburg auf der früheren Landstraße.

Nach ca. 200 m liegt rechts am Weg die dritte Schanze. Beim Weitergehen sehen wir links im Kirschwald große Steine. Sie liegen in Nähe eines früheren Galgenplatzes. Der eine Stein zeigt sogar noch die Andeutung einer Blutrinne. Diesen früher grausamen Platz verlassen wir nun schnellstens und über die Starkenburger Kreuzung gelangen wir zu den *Campsteinen*, wahrscheinlich „Visiersteine" der Kelten, mit denen die Saatzeiten bestimmt wurden. Hier in der Nähe gab der Boden alte römische Funde frei. Ein römischer Grabstein ist im Gymnasium untergebracht.

Ein Urlauber fand einen keltisch-römischen Armreif. Der Weg führt weiter zu einer Quelle, *„Hofboor"* genannt, von wo die Franzosen auf der Grevenburg ihr Wasser in Tonröhren bezogen. Einige Röhren finden Sie im Museum Trarbach. Die 4-Schanzen-Tournee neigt sich dem Ende zu. Über die *„Alte Straße"* geht es abwärts über die Grevenburg zum Ausgangspunkt. Sie können ja inzwischen den Weg selbst begutachten und für schön befinden. Es grüßt Hubertus Schulze-Neuhoff, der geschichts- und naturbewusste Förstersohn (daher mein ehrenamtliches Tun auf diesem Gebiet).

24) Der Campsteine-Weg

„Es gibt nichts Gutes, außer man tut es" (Erich Kästner): Gutes taten die Starkenburger Wolfgang und Thomas Wendhut, Jürgen Spier, Volker Emmerich und der Trabener Hubertus Schulze-Neuhoff. 13 Esche- und Eiche-Schilder kennzeichnen seit 2000 den Campsteineweg. Die Schilder stehen nun an folgenden Punkten:

Schild 1:
Am Ausgangspunkt Gemeindesaalplatz in Starkenburg (wird noch erstellt).

2:	Scheune Uli Schneider,
3:	„Alte Schanze" (von dort nach rechts zur L 192),
4:	L 192 (nach links ab zum Parkplatz an der L 190/192,
5:	Parkplatz (Richtung Irmenach an der L 190 entlang),
6:	Abzweig zum Hödeshof,
7:	Abzweig zu den Fischteichen rechts ab auf den „Holzwiesenweg" (eine Umleitung aber die zwei Hödeshof-Schanzen erfolgt im Winter).
8:	Am Waldrand (rechts ab zur L 190, am Parkplatz vorbei).
9:	Am Überquerungspunkt der L 190 (in Richtung der 2 Birken),
10–12:	An den zwei Birken, an der Bank und 7 m vor dem stehenden ersten Campstein.

Der Weg zurück wird in einem zweiten Anlauf für unsere Touristen mit den Campsteinsymbolen und dem Hinweis *Starkenburg* erfolgen. An der Linde vor Starkenburg erstrahlt nun das neue Schild *„Bismarck-Höhe und Grevenburg".*
Von hier geht es zurück nach Traben-Trarbach. Geholfen haben übrigens vorweg auch Ernst und Lilli Schneider und Marlene Ludwig.

25) Zur „Steinernen Schlange" von Reil

Ausgangspunkt: Bahnhof Traben, Römerstraße aufwärts zum Mont Royal *(T9)*, zum Umsetzer. Blick zurück auf Traben-Trarbach und Kautenbachtal. Am Flugplatzrestaurant Besichtigung der Festungsruinen Mont Royal (Blick auf Wolf und Kröv), am holländischen Feriendorf vorbei auf dem Moselhöhenweg *„M"* und Wanderweg *„8"* an keltischer Wallanlage *„Burgberg",* weiter geradeaus (*„M"* biegt ab).

Am Burger Bach rechts ab zur K 65, von dort ca. 200 m Richtung Reil (Beschilderung erfolgt bis Februar) zum Ziel *„Steinerner Schlangenschwanz"*. Zurück zum Reiler Bahnhof und mit der Bahn nach Hause. Die geologische Erläuterung der *Steinschlange* bzw. elliptischen Brot- bzw. Wurstformen finden Sie im neuen Jahrbuch des Kreises Bernkastel-Wittlich.

26) Wanderung zur restaurierten Wolfer Klosterruine

Ausgangspunkt: Moselparkplatz Trarbach. Auf dem Wanderweg *„T10"* (Wolfer Weg–Gonzlay) nach Wolf mit Einkehrmöglichkeiten. Wanderweg *„T13"* (siehe Wanderkarte 1:25.000 in städtischen Buchläden) bis zum Ziel *„Klosterruine"*. Auf dem Moselhöhenweg *„M"* (Teilstück des *„T8"*) zurück bis zur „Villa Sonora", dort abwärts zum Ausgangspunkt.

27) Auf zum Rauschkümpel

Start in Irmenach oder vom Hödeshof aus (mit Besichtigung des Galgenplatzes und der zwei Schanzen). Nehmen Sie den Wanderweg Abzweig auf *T2* (am Waldrand/in den Wald von der Landstraße Irmenach - Traben-Trarbach aus, dann halten Sie sich an der ersten Gabel rechts, an der zweiten Gabel wieder rechts (*T 2* biegt halblinks ab). An der Buche mit rotem Pfeil und gelbem S mit Punkt biegt man rechts ab. (Abkürzung für Sportliche über den Bergsporn zum Hochsitz). Die Brücke führt über den Ehlenseifenbach (Fünfwegekreuz), den *I1* überqueren, 20 m durch Fichten aufwärts gehen, auf breitem, festem Weg links abwärts bis zum Steg über den Lommersbach (idyllische Felsen) weiterwandern, links ab bis zur Brücke (auch sehenswert). Den Hang hinauf führt der *„Leiermannspfad"* (von /nach Lötzbeuren/Scholmunderhof). Weiße Dreiecke markieren den *„Mosel-Nahe-Weg"* (von Enkirch bis Horbruch, 20 km). Wir aber gehen weiter zur steinernen Brücke über den Steierbach, diesseits des Steierbachs bis zum Ziel sind es nur noch 1 km. Dann erleben wir den *rauschenden Kümpel*. Vom Start bis zum Ziel: ca. 1 Stunde/ 5 km.

Für alle Waldwanderwege gilt: Bitte nur 2 Stunden nach Sonnenaufgang und 2 Stunden vor Sonnenuntergang wandern (aus Rücksicht auf Wild, Jäger und Förster).

Die Geschichte von Traben-Trarbach 1125 - 2004
(Auszug)

1125 - 1437	die Starkenburger Sponheimer regieren über der Mosel.
1327	Gräfin Loretta nimmt den Erzbischof Balduin gefangen.
1357	die Grevenburg wird erstmals erwähnt.
1618-1648	Trarbach im 30-jährigen Krieg von Spaniern Schweden und Franzosen besetzt (vielleicht stammt die "Schwedenschanze" daher).
1687	Festung Mont Royal von Ludwig XIV erbaut und schon 1698 wieder "geschleift".
1702	Besetzung der Grevenburg durch Franzosen.
1734	Burgzerstörung.
1792	Goethe als Teilnehmer des Feldzugs gegen die Franzosen in Trarbach.
1793	die Schanzen von den Preussen erbaut und 1795 von den Franzosen vollendet.
1804	die Klosterhöfe wie der Aacher Hof werden säkularisiert.
1904	Traben-Trarbach entsteht durch die Vereinigung beider Stadtteile.
2004	Die Schanzen werden Kulturdenkmal des Monats.

Die neue Promenade von Trarbach zum Bootshaus
Traben hat eine lange und schöne Promenade bis Kövenig und Riß-bach. Trarbach wartet noch darauf. Die Idee zur neuen Promenade gaben fast gleichzeitig Helmut Pönnighaus beim Spaziergang mit seiner Frau Heide und Klaus Lenz.
Am 14. Mai 2004 um 10 Uhr trafen wir uns zum 2. Ortstermin um diese Idee, zum Wohle unserer Touristen und Einheimischen auf den Weg zu bringen. Bisher ohne Erfolg.

Mapper Schanze und Rheingau-Gebück

Von Walluf über Rauenthal - Schlangenbad - Bärstadt - Hausen v.d.H. - Hof Mappen - Weißenthurm bis Lorch verlief durch den "Wisper-Taunus" vom 12. bis 18. Jahrhundert, eine Verteidigungsanlage. Genannt das Rheingauer Gebück mit Mapper und Aachener Schanzen. Siehe: www.stefanbaldi.de

Vielen Dank Klaus Diederich, Bruder von Rita Albright, für den Tipp. Heute führt der "Rheingau-Gebück-Wanderweg" entlang dem historischen Gebück. Dazu gibt es eine Broschüre in Schlangenbad oder Eltville zu kaufen: "Rheingauer Gebück-Wanderweg", Christian Grubert, Herausgeber Naturpark Rhein-Taunus, Dipl. Forsting. Hubertus Brückner als Geschäftsführer.

Wandergruppe "PER PEDES", Trier
www.reisestudio-sim.de

Am Ostermontag 2005 führte ich diese Gruppe und einheimische Gäste , zum Felsenmönch. Ausgehend vom Thermalbad über Wildstein, Saure Quelle, Warmwasserquelle bis Kautenbach, mit Blick auf die Bischofsmütze. Mit dem Bus zum "Mont Starkenburg" mit Campsteine - Hofboor - Panoramablicke Bismarckhöhe, -hütte, Pavillon Starkenburg, Essen im Blockhaus - Rottenblick oberhalb Enkirch. Zum Abschluss der Führung ein Besuch des Ikonenzentrums in Traben-Trarbach.

Der Felsenmönch von Kautenbach

Vor einigen Wochen wurde in der regionalen Zeitung von Traben-Trarbach "Mosel-Hunsrück-aktuell" ein ca. 120 Jahre altes Foto aus dem Besitz von Herrn "Hans Schneiß" vorgestellt. Dieses Bild zeigte eine Felsformation mit dem Namen "Jungfrau und Mönch". Diese Felsformation – soll im Kautenbachtal bei Traben-Trarbach sein– ist aber nicht mehr zu finden.
Stattdessen wurde eine neue Felsformation entdeckt, die den Umrissen eines knieenden Mönches sehr nahe kommt.
Diese Formation befindet sich am Hang des Kautenbaches, zu erkennen auf dem Wanderweg zur "Roten Quelle", abgehend beim Hotel

"Kogge" im Kautenbachtal bei Traben-Trarbach.

Der Mönch ist nachmittags bei entsprechendem Sonnenstand ideal erkennbar. Für den normalen Wanderer ist er nicht, sonder nur für den Extremkletterer erreichbar.

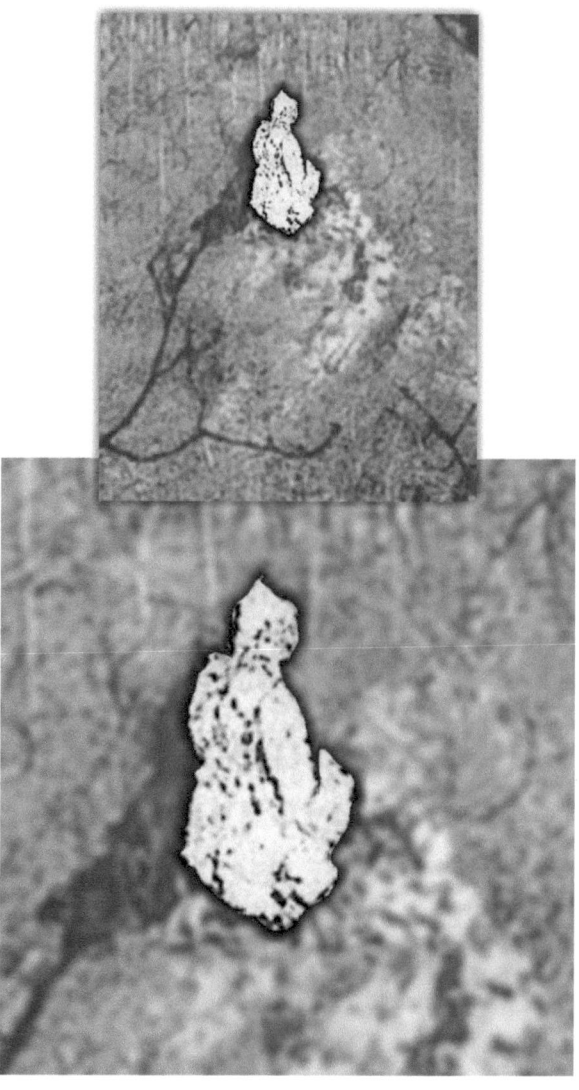

**Weitere Informationen zu den Wanderungen
finden Sie unter:**

www.wikiwetter.de
"Wandern"

An dieser Stelle meinen Dank an:
Herrn Helmut Leitner
für "Wiki"

Sehenswürdigkeiten und Wanderpfade in der "Trarbacher Schweiz"

- im" Kautenbacher Felsengarten", Ausdruck von Horst Faust
- in der "Vier- Sterne - Landschaft" der Mittelmosel, Ausdruck von Günter Oberle

Bel
1 Allgemanisches Kultmal
2 Thermalbad
3 chemals "Rote Quelle"
3a "Monch-Blick"
4 Kneipp-Becken (kalt+warm)
5 "Bischofsmütze"
6 Ringwall Gottwerthshöhe
7 ehemaliger Kautenbacher Sportplatz
8 ehemaliger Kultplatz "Pferdskopf"
9 und 11 noch unbenannte "Felsenkanzeln"
10 Blick auf Kautenbach vom Waidmannspfad
12 "Uhufels" mit Blick auf Longkamp
13 Felskanzel "Wirtzfels"
14 Katakombe mit Blick auf "Bischofsmütze"
15 "Liebesinsel"
16 sitzender / kniender "Felsenmönch"
17 Felskanzel "Schillerfels"

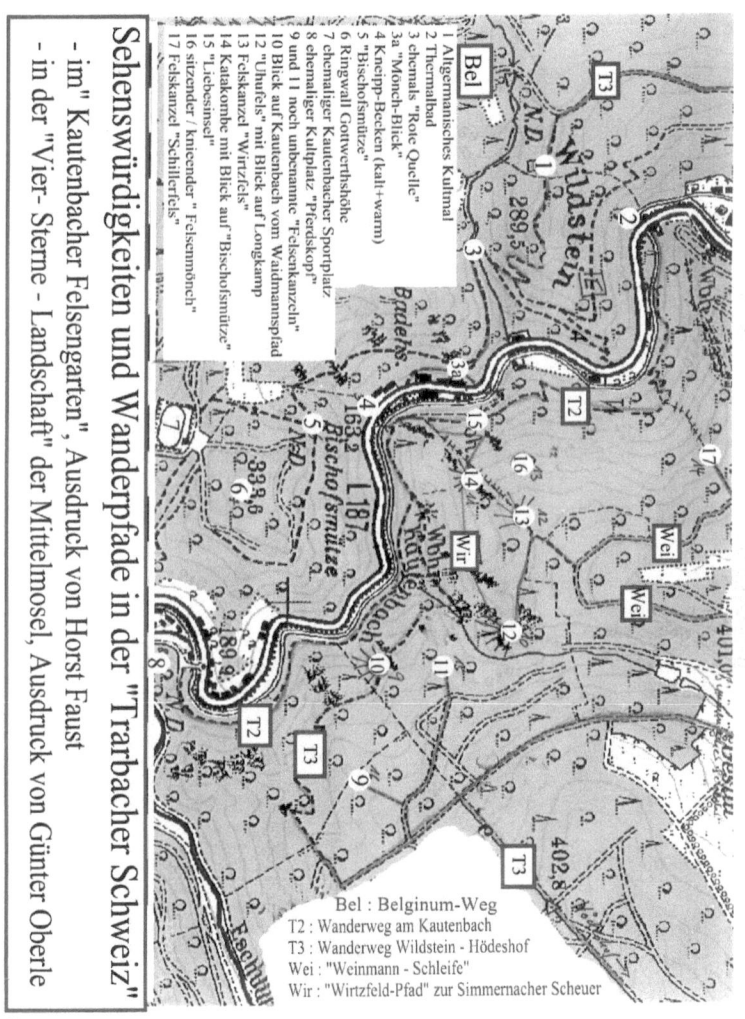

Bel : Belginum-Weg
T2 : Wanderweg am Kautenbach
T3 : Wanderweg Wildstein - Hödeshof
Wei : "Weinmann - Schleife"
Wir : "Wirtzfeld-Pfad" zur Simmernacher Scheuer

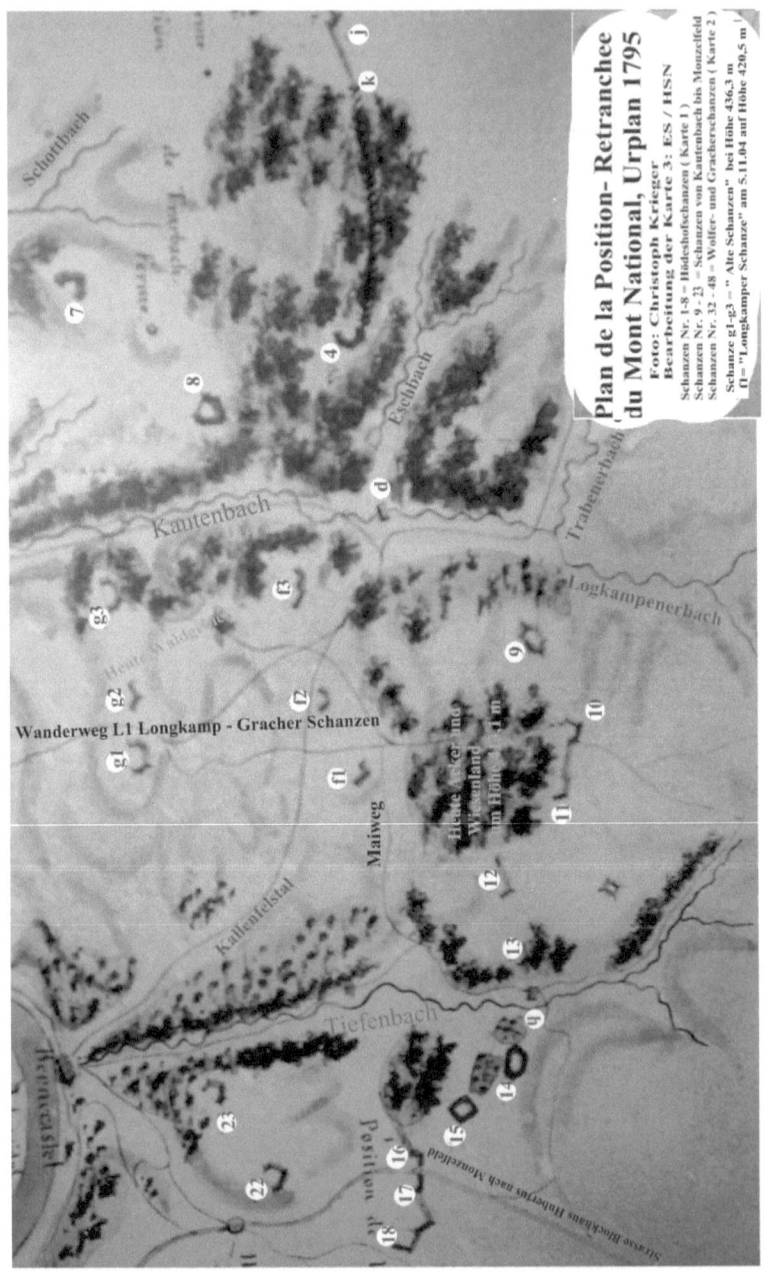

Schlussworte

Zum Ende des Jahres 2004 begann ich mit der Verwirklichung meiner Vorstellung zu einem kleinen Buch über die Sehenswürdigkeiten im Raume der Mittelmosel. Im Besonderen über die – allen bekannten – Hinkelsteine/Menhire.

Dieses umfangreiche Thema ist im Internet unter:
www.wikiwetter.de
veröffentlicht.

Als Wegbegleiter aber ist es aber sinnvoller ein kleines Büchlein bei sich zu tragen.
Jetzt im März 2005 ist diese Projekt im Großen- und ganzen nach viel Arbeit, abgeschlossen. Selbstverständlich gibt es zu diesem Thema noch vieles was man hinzufügen sollte..müsste. Das wird in der 2. Auflage erfolgen.

**Mein besonderer Dank
gilt allen Beteiligten an diesem Projekt.**

Stellvertretend für alle sei hier benannt:
Peter Sündermann (Sündermann Graphik, Traben-Trarbach), für das Layout und Umschlaggestaltung; Alfred Hüls für seine Tätigkeit als Korrektor; Marlene Bollig für Vorwort und Ihren Beitrag zur "Menhir-Tour III";
Allen denjenigen die fotografisches Material zur Verfügung gestellt haben wie: Frau Havenstein, Hans Schneiß, Uwe Anhäuser, Christopher Arnoldi, Andis Kaulin, Karl-Josef Prüm, Edgar Schell. Auch danke ich <u>allen</u> Beteiligten für die Veröffentlichungsrechte. Herrn Prof. Helge Rieder und Peter Valerius. Andreas Metz, Jürgen Möschel und Sven Schröder.

Hubertus Schulze-Neuhoff

Sehr geehrter Herr Schulze-Neuhoff,

mit großer Freude habe ich das von Ihnen verfasste Buch

" von STEIN zu STEIN...
von SCHANZE zu SCHANZE
und von WEINLAGE zu WEINLAGE"

zur Ansicht genommen.

Die Kreativität des Buchnamens und der positive künstlerische Eindruck der Umschlag-Gestaltung, ließen auf Gutes hoffen.

Und in der Tat!
Schon durch die Einleitung von Frau Marlene Bollig, "Die Menhire", wird es einem bewusst, dass man es hier mit sachkundigen Kennern der Materie zu tun hat, die es verstehen, die "versteinerte" Welt der Frühzeit zum frischen und für den Leser interessanten modernen Leben zu erwecken.

Das Buch ist eine wohlgeordnete aber auch zugleich vergnügliche Reise in die Vergangenheit, die durch die von Ihnen dort ausgearbeiteten "megalithischen Touren" stark an Bedeutung gewinnt.

Meine herzlichen Glückwünsche für diese stolze Arbeit.

Andis Kaulin

Doctor of Jurisprudence, J.D. Stanford University
Dozent a.D., FFA, Anglo-American Law, Universität Trier

Autor, Stars Stones and Scholars: The Decipherment of the Megaliths as an Ancient Survey of the Earth by Astronomy

Mehr über Felsen und Menhire!
"Naturdenkmale, Ein Heimatbuch des Trierer Raumes",
von Peter Joseph Busch.
"Naturdenkmäler im Trierer Land", Band 1 und Band 2
(Band 3 in Arbeit) von Karl-Josef Prüm. Verlag: Sanfter Tourismus Trier.
"Das Kultplatzbuch", von Gisela Graichen (Weldbild.de).

In Planung:

Klima-, Erd- und Sonnenzyklen

Trarbach = "Tür zur Trarbacher Schweiz"